審判はつらいよ

鵜飼克郎
Ukai Yoshiro

小学館新書

まえがき

スポーツの感動的なシーンには、その瞬間を最も近くで立ち会った目撃者がいる。「審判員」と呼ばれる人々だ。競技によって「レフェリー」「アンパイア」「オフィシャル」「ジャッジ」「行司」などと呼び名は変わるが、彼らはそれぞれの競技ルールに則《のっと》って勝敗判定や採点をする。

もちろん競技の主役は選手たちだ。野球やサッカーでは審判員にボールが当たっても〝石ころ〟と同様の扱いになるように、審判員は〝透明人間〟のような存在だ。目立ってはいけない。

しかし、この〝黒子たち〟がいなければゲームは成立しない。彼らによる合図がなければ試合を始めることさえできず、勝敗も決まらない。試合進行に関して大きな権限を持つ審判員に、監督や選手は従わなければならない。反抗的な態度を取れば退場処分にもなる。

近年は多くの競技でビデオ判定が導入されたとはいえ、審判員の決定を覆すことは容易ではない。それほど彼らの「判定」は重いのだ。

そのために審判員は競技のルールを隅々まで理解し、正確な判定でゲームをコントロールしようと日々努力している。それでも彼らはあくまで〝黒子〟。彼らが注目を浴びる場面があるとすれば、「判定を間違えた時」くらいだろう。

審判員は絶大な権限を持つ代わりに、「絶対に間違いが許されない」という立場に置かれる。正しくても褒められることはなく、間違えれば大ブーイングを浴びる。審判員はつらい任務だ。

なぜそんな役割を担おうと思ったのだろうか。どのような経緯で審判員になったのだろうか。「辞めたい」と思ったことはないのだろうか。「誤審」の経験はないのだろうか。生まれ変わっても審判員になりたいのだろうか……。

次々と湧き上がる疑問を、さまざまな競技の審判員にぶつけてみた。

本書の各章はサッカー、プロ野球、アマチュア野球、柔道、ボクシング、飛び込み（水泳）、ゴルフ、大相撲の審判員のインタビューで構成されている。証言者は、いずれもその競技で実績を残した「トップ審判員」ばかりである。

一口に「審判員」といっても、競技によってその動きや立場、待遇などはかなり異なる。サッカーのように長い試合時間を選手と一緒に走り回る審判員もいれば、柔道や相撲のように狭いスペースで対戦する選手の邪魔をしないように立ち位置を変えていく審判員もいる。飛び込みのような採点競技では一瞬の動きを見逃さないように、審判員はじっと着席して演技に目を凝らす。

競技経験がなければ審判員になれない競技もあれば、ルールブックを熟知することが条件とされる競技もある。競技団体に所属する審判員がいる一方で、試合ごとに業務を請け負う形式で報酬を受け取るケースも少なくない。プロの審判員が存在するし、ボランティアの審判員もいる。

だが、どの競技でも審判員たちはその競技やルールを徹底的に理解する努力を怠らない。どのような場面でも平常心でジャッジし、主役である選手たちが競技に集中できる公平な環境をつくりあげ、試合を円滑に進行させる。そういう意味ではどの競技の審判員も「同じ目標」を持っているといえる。

筆者は週刊誌記者として40年以上にわたってスポーツ界を取材してきた。オモテの華々しい話題も、ウラに潜むスキャンダラスな出来事も取材してきたが、その取材対象は選手や元選手、監督たちだった。目撃者や証言者として審判員に話を訊いたことはあるものの、彼らは決して〝主役〟ではなかった。

そんな「裏方の世界」への扉を開いてくれたのは、大相撲立行司《たてぎょうじ》・第37代木村庄之助《きむらしょうのすけ》の畠山三郎《はたけやまさぶろう》さんだった。畠山さんが定年退職してから長く「木村庄之助」が空位になっていたことの見解を求めて自宅を訪ねたが、その時に畠山さんが語った「行司とはどういう仕事なのか」を聞き、「審判員」に関心を抱いた。畠山さんの半世紀にわたる行司人生は第8章で詳しく記したが、その畠山さんが取材から間もなくして世を去ってしまったことも、本書をまとめたいと思った理由のひとつだ。

大谷翔平や山本由伸ら多くの日本人メジャーリーガーが活躍するＭＬＢ、阪神タイガースが球団史上初の日本一連覇を目指すプロ野球、２０２６年Ｗ杯の出場をかけて日本代表がアジア予選を戦っているサッカー、110年ぶりの新入幕優勝を果たした尊富士《たけるふじ》ら若手が台頭する大相撲など、世の中はスポーツの話題で溢れかえっている。彼らのプレーに多くの人々が興奮し、感動するが、審判員による正確なジャッジがなければ、彼らの記録も名勝負も残らない。

そして2024年は4年に一度のオリンピックイヤーだ。フランス・パリで開催される第33回夏季五輪では3週間あまりにわたって32競技329種目が行なわれ、世界中から集まる1万人超のアスリートが熱戦を繰り広げる。そのすべての競技、種目に「審判員」が存在する。

それぞれ興味のある競技は様々だろう。本書を手に取ってくださった方々には、まずは馴染みのある競技、好きな選手がいる競技、あるいは自身で経験した競技の章から読んでいただきたい。筆者が相撲取材をきっかけに他競技の審判員に関心を抱いたように、〝興味の連鎖〟が起きるのではないだろうか。

何より本書を通じて「審判員」の存在にスポットが当たり、スポーツ観戦の面白さが広がる一助になれば幸いである。

目次

本文中敬称略

第1章

曖昧な競技のマネジメントこそレフェリーの醍醐味

サッカー審判員　西村雄一

西村雄一（にしむら・ゆういち）

１９７２年、東京都生まれ。小学校からクラブチームに所属し、高校時代に関わった試合での判定ミスをきっかけに審判員を志す。18歳で４級審判員資格を取得、１９９９年に1級審判員に。２００４年に国際主審となり、２０１０年W杯南アフリカ大会では４試合で主審を務めた。２０１４年W杯ブラジル大会では開幕戦のブラジル対クロアチアで主審を担当。２０１４年に国際審判員を退任、現在はJリーグなどで笛を吹く。（本書発売時点で52歳）

選手の夢を支えたい

サッカーの世界最高峰の大会とされるＦＩＦＡＷ杯。西村雄一は２０１４年ブラジル大会で、日本人として初めて開幕戦（ブラジル対クロアチア）の主審としてピッチに立った。２０１０年の南アフリカ大会では4試合で主審を務め、その的確なジャッジは世界各国の選手やメディアから多くの賞賛を集めた。国際審判員を42歳（当時の国際審判員の定年は45歳）で退任し、現在は日本で副審を含めて19人（２０２４年1月時点）しかいない「プロフェッショナルレフェリー」としてJリーグで笛を吹いている。

「小学校の4年生から駒沢サッカークラブでサッカーを始め、高校生になってからはコーチングスタッフとして少年たちに教えていたのですが、審判のミスジャッジで子供たちが力を発揮できなかった場面に何度か遭遇したんです。

これは困ったことだと思いました。選手の活躍の場としてスポーツがあり、それを支える側としてコーチや審判がいます。私は審判として選手たちの夢を支えたいと考えるようになりました」

日本サッカー協会（JFA）、あるいはその傘下にある団体が主催する試合の審判を務めるには、日本サッカー協会が定める審判員の資格を取得する必要がある。資格は1級から4級まであり、4級から順に昇級していくシステムになっている。

「4級審判の資格を取得したのは18歳、都立新宿高校在学中でした。4級は各都道府県のサッカー協会や地区連盟が年に数回開催する講習会を受講することで取得でき、都道府県サッカー協会や地区連盟が主催する試合で審判を担当できます。日本工学院専門学校を卒業した後に株式会社ボナファイド（OA機器等の販売会社）に就職し、毎週末、どこかで審判をしていました」

2023年3月末時点で、日本サッカー協会に登録している審判員は約27万人。その多くは4級審判員だ。講習を受けることでほぼ取得できる4級審判資格は全体の85％（約23万人）を占める。自分の子供や地元のサッカー少年たちのために審判をする保護者も含まれる。

都道府県サッカー協会の主催試合をジャッジする3級審判資格保有者は約3万5000人（全体の13％）と激減する。2級審判資格保有者は3777人（全体の1％）、そして

1級審判資格保有者は270人だけ（全体の0・1％。うち女性は55人）。この中には24人の国際審判員（主審11人、うち女性4人。副審13人、うち女姓4人）がいる。西村を含むプロフェッショナルレフェリー（19人）は審判員全体のわずか0・007％にあたる希少な存在だ。

4級と3級の数に大きな隔たりがあるのは、3級審判員への昇級に競技規則テストと体力テストが加わるためだ。2級、1級と昇級するにしたがって、さらに合格基準のハードルは上がる。

「自身のキャリアアップとして上級を目指す審判員ももちろんいますが、私はどちらかというと昇級意欲がモチベーションではないタイプでした。どのレベルの審判員であろうと、選手たちの夢を支えることができることに変わりはないという考えでした。

結果は後からついてくるというか、審判員を地道にやっていくなかで私のジャッジを評価してくれた人が、自分を次のステップに引き上げてくれたのだと思います。それから、当時は若い年代の審判員を育成強化していく時期だったこともあり、〝上の級に進んで、高いレベルの試合を担当してみたら〟と、みんなに背中を押してもらいました」

3級審判に昇級してからは、仲間とともに東京都サッカー協会審判委員会が開催するセミナーや研修会などを受講しながらスキルアップをしてきたという。

国際審判員までの「狭き門」

審判員としてのスタートとなる4級審判の資格は、先述したように都道府県サッカー協会が開催する講習会で、競技規則と審判法を学ぶことで資格認定を得られる。

都道府県サッカー協会が主催する試合の主審を担当できる3級審判の昇級認定では、競技規則テストと体力テストが実施される。体力テストでは「75メートルを25秒以内で走り、さらに25メートルを30秒以内で歩く。これを1セットとして24回（陸上トラック6周）繰り返す」という設定をクリアしなければならない。

各地域サッカー協会の主催試合で主審を担当できる2級審判員はさらに条件が厳しくなり、瞬発力（スプリント）テストが加わる。まず「1分間隔でスタートする40メートルスプリントテストで6・90秒以内を6回繰り返す」、その後に「インターバルテストで75メートルを20秒以内で走り、25メートルを25秒以内で歩く。これを32回（陸上トラック8

１試合の走行距離は平均的な選手よりも長い（2010年W杯決勝で「第４の審判員」となり、事前練習に励む西村＝中央）

周）繰り返す」という条件だ。

そして日本サッカー協会の主催試合で主審を担当する１級審判員になると、さらに合格基準が上がる。担当カテゴリーによって若干の違いがあるが、例えばＪ１担当主審であれば「１分ごとにスタートする40メートルスプリントで６・００秒以内を６回繰り返す」、その後に「インターバルテストで75メートルを15秒以内で走り、25メートルを18秒以内で歩く。これを40回（陸上トラック10周）繰り返す」となる。

カテゴリーによっては「ＹＯ－ＹＯテスト」の結果も参考にされる。サッカー、テニス、バスケットボールなどで選手の能力を測定する持久力テストのひとつで、20メートルの往復走を10秒間の休息を挟みながら、短縮されていく時間内に何往復できるかで評価される。激しい運動の後に素早く回復する能力を測定するもので、選手と同レベルの運動能力が求められることになる。

「3級審判員が主に担当するゲームは、都道府県サッカー協会主催の少年少女やジュニアユースの試合です。担当ゲームのレベルに応じた体力テストをクリアしないと、選手の動きについていけないという考え方です。

試合中に審判として走る動きと、体力テストで陸上トラックを走る動きは異なりますが、体力テストの基準タイムはゲームの運動負荷とほぼ同等になるように設定されています。2級、1級となればより激しい動きを必要とされるゲームを担当するので、テストの合格基準もより高くなってくるわけです」

1999年（当時27歳）に1級審判員となった西村は、その5年後に国際審判員（主審）に任命された。国際審判員とは国際サッカー連盟（FIFA）やアジアサッカー連盟（AFC）が主催する国際大会を担当できる審判員だ。毎年、各国のサッカー協会（連盟）がレフェリング能力、年齢、語学力などを総合的に判断して推薦する。その中から国際サッカー連盟が承認した者だけが国際審判員として登録されるという、極めて狭き門だ。

審判の道を志してから15年を経て国際審判員となった西村だが、審判に求められる能力をどのように考えているのだろう。

「ピッチ上では先輩たちが経験してきたことから学んで実践しようとするのですが、これまで完璧にできたと満足した試合は一度もありません。いまだに上達途中ですし、毎試合、反省することばかりです。もしかしたら、自分のレフェリングに満足できないまま審判生活を終えるのかもしれませんね（苦笑）。

サッカーの基本的なルールは世界共通ですが、実際のプレーシーンには同じものがひとつとしてありません。ワンプレー、ワンプレーを丁寧に判断していくしかないのです」

国際審判員の語学力とは

国の威信を懸けて戦う国際大会ともなれば、ワンプレーの重みが違う。負けられない戦いの中で、国籍や言葉の違う両チームの選手がヒートアップすることも珍しくない。そうした試合の笛を吹く国際審判員にはジャッジの正確性だけでなく、それを伝えるコミュニケーション力も求められる。

国際試合では基本的にサッカー発祥の地・イギリスの言語（英語）が「公用語」とされるが、国際審判員にはどの程度の語学力が求められるのだろうか。

「国際審判員になるにあたって、例えばTOEICのような語学テストで何点以上という基準はありません。私が国際審判員になった頃は、審判員が試合中に会話する相手はほとんどが目の前の選手たちだけでした。しかも『こっちに来て』とか『離れて』といった行動を求めたり、怒っている選手をなだめたり、倒れた選手に『大丈夫？』と訊ねたりする言葉が大半です。だから私の英語力はそんなに高くはありません。いわゆる〝サッカー英語〟、正確に言うなら〝レフェリー英語〟です。

競技規則の英語版に載っている単語をベースに、何とか選手とコミュニケーションをとっていました。日常の審判員同士の会話で〝明日は午後1時に出発〟くらいは間違いませんが（笑）、一般的にイメージされる〝高い語学力〟は必須ではありませんでした」

ピッチ上で選手たちとの意思疎通を円滑にするために、現場で英語を勉強したというが、一方で「実は試合中に流暢《りゅうちょう》な英語はあまり必要ない」とも話す。

「W杯の常連国で英語を母国語とするのはイングランドとアメリカ、オーストラリアくらい。それ以外の国の選手は、普段は自分の母国語で喋っているので、国際試合のピッチではスペイン語、ポルトガル語など、両チームの言語が入り混じっているわけです。そもそも英語が通じない選手も少なくありませんから、審判が流暢に英語を喋るとまったく通じないこともあります。ピッチ上では言葉に頼らず、笛やジェスチャーを交えながらお互いに絆を深めていくようなコミュニケーションをとっていました」

それでも得点やファウルのジャッジに対して、何人もの選手が主審に詰め寄るシーンは珍しくない。審判がなだめたり、〝それ以上抗議するとカードを出す〟と注意したりする場面も見かける。

「ジャッジに不服を訴えているのはわかりますし、その理由もおおよそ理解しています。ただ、選手の言葉をあまり詳細にわからないほうがいいこともあります。例えば日本国内での試合で選手から日本語で何かを言われた場合、言葉が理解できるがゆえに、その言葉そのものが侮辱と判断されてイエローカードやレッドカードの対象となり、試合が台無しになってしまうケースがあります。

海外の試合では、言葉が詳細に理解できないからこそ〝あなたが激しく不満を訴えているのはわかった。でも、ジャッジは変わりません〟くらいのやり取りで済ませられるので、選手にもチームにも、あるいは観客にもいい結果になることもあります。選手はその都度様々な感情を持ってプレーしているので、そこは審判員も受け止めなければなりません。だから言葉に頼らないマネジメントが大切だと思います」

その一方で、近年は語学力がより必要とされるようになったとも語る。その理由の一つとしてVAR（ビデオ・アシスタント・レフェリー）に代表される審判間のコミュニケーション方法の変化がある。

「主審・副審それぞれの立ち位置から見極められることには限界があるということで、2006年のW杯ドイツ大会から審判間で円滑な会話ができるように無線機が導入され、18年のW杯ロシア大会からはVARを用いてジャッジの補助をするようになっています。

主審が会話をする相手は選手だけではなく、副審や第4の審判員、さらにVARを担当する審判員にまで広がり、しかも詳細かつ正確に伝えなければなりません。一時的に試合を止めて、選手に対しジャッジの根拠を冷静に説明する必要も出てきます。今後はますます語学力が必要な時代になっていくと思います」

主審は「攻撃側の一員」になったつもりで予測し動く

試合のピッチにいる審判員は、主審の他に2人の副審、第4の審判員がいるが、試合進行や反則の判断など、試合に関するすべての決定の権限は主審にある。ピッチの両サイドに配置された副審は旗を使ってオフサイドやアウトオブプレーについて合図を示すが、その最終決定は主審に委ねられる。第4の審判員は選手交代やアディショナルタイムの表示など試合進行に関わることをサポートし、主審や副審が試合のジャッジに集中できるように環境を整える。

全国規模の大会は長辺（タッチライン）105メートル、短辺（ゴールライン）68メートルの長方形のピッチで行なわれるが、主審はその広いエリアを1人で動き回りながら、両チーム合計22人が絡むすべてのプレーを判定する。この「受け持つ範囲の広さと人数の多さ」こそがサッカー主審の特徴であり、難しさでもある。

テニスやバレーボールのようなネットスポーツの審判（主審）は、椅子に座ってジャッジするのでプレー中に動くことはない。競技エリアの広さではサッカーを上回る野球だが、ストライクとボールの判定がメインとなる球審の移動範囲はごく限られ、他の塁のジャッジは塁審に委ねている。

格闘技の審判の動きは激しいが、相撲は直径4・55メートル（15尺）の円内、柔道は9・1メートル四方（国際大会は8〜10メートル四方）の正方形内で競技が行なわれ、そこにいる選手は2人だけ。しかも1勝負の時間は数秒から数分程度だ。

広大なスペースを長時間走り回り、激しく動く選手たちのプレーを途切れることなくジャッジをするサッカーの主審について、他のスポーツの審判が「信じられない」と口を揃えるのも頷《うなず》ける。

「主審の動きには〝法則〟があります。2人の副審とバラバラに動くのではなく、主審がピッチの対角を軸に動き、副審は主審の位置から遠くなるサイドのタッチラインの半分を担当します。その配置であれば主審と副審が異なる角度から競り合いを見ることができ、3人の誰かが常にボールの近くにいられるわけです」

副審のサポートを受けているとはいえ、主審は正確なジャッジができるように、常にプレーを見やすい位置にポジションを取り続ける。そのため1試合（90分間）で走る距離は12キロ前後になる（プロサッカー選手の1試合走行距離は平均10キロといわれている）。

「審判はそれぞれのカテゴリーに適した体力的負荷に耐えられるようにトレーニングし、試合当日にベストコンディションで臨めるように調整します。ランニングをベースとしたトレーニングと、機敏性や俊敏性、巧緻《こうち》性（体を巧みに動かす能力）を高めるアジリティトレーニングが中心です。サッカーの試合には緩急がありますから、フルスプリントからジョグまでいろいろな走り方をまんべんなく鍛えています。トレーニングの一環として練習試合を担当させてもらうこともあります」

自陣ゴール前でボールを奪ってからわずか10秒足らずで相手ゴールに到達する高速カウンターも珍しくない。そうしたプレーでも主審にはプレーを追いかけるためのテクニックがある。

「ゲーム中はボールを保持する選手に追いつこうとは考えていません。私が考えているのは、常に〝攻撃側の一員〟になったつもりで予測すること。サッカーは点を取るスポーツなので、試合の構造は〝攻撃vs.攻撃〟です。ボールを保持している側が、どのタイミングでどう攻めたいのかを予測することで、攻撃側の展開に連動した効率的な動きが可能になります」

この「展開予測」はサッカー審判に求められる独特の能力で、「予期」や「予想」とはひと味違う考え方だと西村は語る。

「カウンター攻撃が得意だとか、特定のサイドを俊足の選手が駆け上がるとか、そのチームの攻撃パターンを事前学習しておくことは大切ですし、そうしたチームカラーを頭に入れていない審判はいないでしょう。ただし、私はその情報に頼りすぎないようにしています。例えば、試合環境やピッチコンディション、選手交代による戦術変更や、試合終盤の疲労が溜まっている時間帯など、その状況によって事前学習とはまったく違う展開が起きるからです。最終的には目の前で起きるプレーがすべて。その都度、選手たちの動きを見ながらどうやって攻撃するのかを予測し、それに連動して動くしかないのです」

「曖昧さ」はサッカーの本質

一般的にどのスポーツでも審判に求められるのは、「競技ルールに則った公平なジャッジ」といえる。その意味でいえば「主観」を極力排除することが求められるだろう。裁判官によって判決や量刑に違いがあれば、法の裁きを受ける側が不満を抱き、やがては法律そのものが信用を失うことになりかねないように、審判によって判定が異なれば、選手は混乱してしまう。

しかし西村は、「サッカーの審判はむしろ逆ではないでしょうか」と語る。

「100人の審判がいたら100通りの判定になります。真逆になることはないでしょうが、サッカーでは審判が違えば判定も違ってくることがあります」

その理由は競技の成り立ちに関係しているという。

「元来、サッカーは審判がいないスポーツでした。〝選手それぞれが自らルールを守ること〟を前提としていたのです。日本ではサッカーのルールは『サッカー競技規則』と訳されていますが、英語版では『ロウズ・オブ・ザ・ゲーム』と表記されているので『競技の法則』という意味になります。『ルールズ・オブ・ザ・ゲーム』ではありません」

ここでいう「ロウ（law）」は、「法律」というより「法則」のニュアンスである。日本のような成文法ではなく、サッカーの母国・イギリスの法体系である慣習法（法としての効果を持つ慣習）に近いともいえよう。

「なぜ『法則』なのかといえば、サッカーが〝ジェントルマンスポーツ〟であるからです。ルールで細かく反則を規定して選手の行動を制限するのではなく、選手がゲームの法則を理解したうえで、自らを律しながらゲームに参加していました。

現実には、プレーのたびに選手が自分で判定しながらでは試合に集中できませんし、そもそもプレーの質が曖昧な部分が多いサッカーでは、各選手で判定基準が異なるケースもあります。そこで、プレーが法則に則っているかどうかの判断を誰かに委《ゆだ》ねる。その『委ねる＝レファー（refer）』が語源となり、両チームから試合進行をレファーされた者ということでレフェリーなのです。レフェリーの役割は、あくまで選手から試合進行を任されることであって、〝選手にルールを守らせる〟という性格ではないといえます」

そうした由来があるがゆえにサッカーの試合では、審判の「主観」に委ねられる場面が少なくない。例えば、デジタル時計の表示ではアディショナルタイムが終了していても、どちらかのチームが得点に結びつきそうな状況であれば、そのプレーが途切れるまでは試合終了の笛を吹かないような〝不文律〟も、主審の裁量権として与えられている。0・1秒単位でプレー時間が決まっているアメリカンフットボールやバスケットボールとは対照的だ。アウトとセーフ、ストライクとボールが規定されている野球や、ボールのイン・アウトの明確さが求められるテニスなどのネットスポーツとも大きく異なる。

「本来、『ルール』には曖昧さがあってはいけないものですが、現実として『法則』で進むサッカーには曖昧さが多くあります。だからこそ私は、サッカーの審判の役割を〝ジャッジメント〟ではなく、〝マネジメント〟と考えて笛を吹いています。もちろん判定の正確さを軽んじているわけではなく、それ以上に選手が思う存分プレーできるような試合を実現するためのマネジメントが重要なのです。なかなか難しい表現ではあるのですが、私もいろいろな経験を重ね、〝マネジメント〟という言葉が腑《ふ》に落ちるようになりました」

実際、サッカーでは「白か黒か」ではなく「どちらともいえるプレー」が多い。同じような接触プレーであっても、ファウルと判定されるケースとファウルとならないケースがあるという。

「ルール上はファウルとなる接触でも笛を吹かないことは珍しくありません。どのような流れで、どういう意図で接触したのかを含めてファウルかどうかを判定しています。大怪我を招きかねないプレーや反スポーツマンシップ行為は別ですが、ファウルを受けた選手から〝このままプレーを続けたい〟〝蹴られたけれど、この程度なら耐えられる〟という意思を感じた場合、それを尊重することも〝委ねられた者〟の役割だからです。選手の意図に応じて、どこまで競い合えるのかを見極めながら、ギリギリのラインを模索する。プレーの質、選手の能力、ゲームの雰囲気によって、多くの人が納得するような判定を導くスポーツはサッカーだけかもしれません。

スタジアムに来られているサポーターが期待していることは、多少の接触でも倒れずに一生懸命にプレーする選手の姿なのだと思います。その期待を裏切るように私たちがきっちりとファウルを取ればつまらないゲームになるでしょう。当然、レフェリングの〝曖昧さ〟が選手やサポーターの不満を招くこともあります。ただし先にお話ししたとおりサッカーは『法則』ですから、それを読み解いて8割の人が納得できる決定を導く。主審に委ねられた主観には、これらを実現するためのマネジメントが求められていると思います。ルールを厳格に適用するジャッジ能力を問われる競技の審判の方々には、不思議に思われるかもしれませんね」

お互いを大切に思う「リスペクト」

他の競技に比べると、審判の「主観」に委ねられる割合が高いサッカーの判定。それは審判の「個性」が試合に影響を及ぼすということでもある。

近年、スポーツの世界ではサッカーをのみならず、映像やＡＩ（人工知能）といったテクノロジーを判定に取り入れる動きが飛躍的なスピードで進んでいる。ＶＡＲ導入に関する西村の見解は後で紹介するが、テクノロジーの導入は「脱・個性」を意味することは間違いない。それでもサッカーの審判に「個性」は必要なのだろうか。

「サッカーの審判に様々なことを実現するためのマネジメント能力が求められているということは、それぞれの個性が出るのは当然で、その個性を上手に活用すればいいと思っています。

サッカーでは試合中に選手と審判が判定についてコミュニケーションを取る場面が多く見られます。選手から『どうして今のプレーがファウルなのか』とか、『相手チームにプレーを早く再開させてほしい』など、様々な要望に対し審判が説明することはよくあります。そうしたやり取りの中から、選手たちは〝今日は少々のボディコンタクトではファウルにならない〟とか、〝遅延行為に厳しいぞ〟といった、その試合における基準とマネジメントスタイルの理解を深めていきます。

例えば、関西出身の審判が関西のチームの選手から関西弁でアプローチされるとお互いの理解がフィットする一方で、それが標準語でのやりとりだと反抗的に聞こえ、状況によっては抗議と捉えられてしまうこともある。ある意味、これもパーソナリティ（個性）なんです。そうした部分まで統一するのは大変ですし、むしろそういった個性を活《い》かしながら、選手たちが納得できるように導く。それがサッカーの審判に求められるマネジメントの難しさであり、面白さでもあるのです」

プロ野球では大声を張り上げたり、独特の仕草でストライクをコールしたりする球審が〝名物審判〟などと呼ばれるが、そうした判定アクションの個性についてはどう考えているのか。

「サッカーでも派手なパフォーマンスの審判がいないわけではありませんが、私は特段、

選手への判定説明も重要なコミュニケーション

自己流のアクションをしたことはないと思います（笑）。

ジャッジごとにプレーが止まるケースが多い野球と違って、サッカーの主審はプレー続行中のアクションが多くなります。アドバンテージ（反則が起きても、反則を受けた側が有利な状況であればそのままプレーを継続すること）のシグナルが代表的です。この場合主審はピッチにいる選手全員に〝プレーを続けて！〟と知らせなければなりません。そうしたシグナル（合図）は視覚的にわかりやすくする必要がありますから、オーバーアクションになることがあります。

イエローカード（警告）やレッドカード

（退場）を提示する場合などは、どの主審もカードを高々と掲げます。この時に、とても怖い顔をする主審が多いので誤解されがちですが、決して対象の選手を威圧しているのではありません（笑）。カードを提示するのは対象選手に対してではなく、その行為に対してなので、その行為に対する主審の想いが表情に現われるのです。

こうしたアドバンテージやカードの掲示などのシグナルは、ベンチや観客を含めた会場全体に主審の最終決定を伝えるための競技規則で規定されている統一されたシグナルなので、主審が妙なアレンジを加えるのはあまり好ましくないでしょう」

ただし、西村もあえてジェスチャーやアクションに個性を出す場面がある。

「例えば、熱くなっている選手を落ち着かせる場面では、表情やジェスチャーをできるだけ駆使して選手に接しています。特に国際試合で言葉が通じない外国人選手に理解してもらう場面では、ボディランゲージを用いて〝あなたの言いたいことはわかっているよ〟と相手への理解を振る舞い方で表現しています。これは選手の心理をマネジメントする際の重要な部分で、ここで主審の個性をプラスに活用することが大切です」

サッカーの試合でのオーバーアクションといえば、多くの人は「選手側のアピール」を想像するかもしれない。中には足がかかってもいないのに両手を広げて派手に転んだり、痛がったりして審判を欺《あざむ》こうとする「シミュレーション」と呼ばれる行為もある。判定に曖昧さを内包する競技ならではともいえるが、なぜかサッカーの〝兄弟スポーツ〟といわれるラグビーではあまり見ないプレーでもある。筆者の個人的感想ではあるが、「審判への抗議や反抗的態度が頻繁なスポーツ」という印象もある。実際、本書で登場する他競技の審判たちからも、「判定に選手が不服を示す場面が多いので、サッカーの審判はつらそう」という声があった。

「フィジカルコンタクトですぐに倒れて派手なアピールをする選手がいるのは確かですが、それも含めて〝サッカーの表現力〟なのだと理解しています。

私が実感していることですが、選手たちが〝今日は主審に任せた〟と試合に集中し始めると、判定へのアピールは格段に減ります。その状況になった時に、〝自分は良いレフェリングができているのでは〟と感じます。逆に選手からのアピールがなかなか収まらないうちは、まだ〝任されていない〟ということ。実際、後半の残り20分を切ったら選手たちは試合の勝敗に向けて目の前のプレーに必死になり、アピールする余力なんてありません。

それでもまだアピールされるようであれば、主審のマネジメントにも問題があるかもしれません」

しかしながら選手の不満やアピールに付き合うばかりでも試合は進まず、混乱する。〝曖昧さ〟があるからこそ、サッカーの審判には「威厳」が必要になってくるのではないだろうか。

「審判に『威厳』があると感じてもらえるとすれば、試合中ではなく、ゲームが終わった後に選手やサポーターが〝良いジャッジだった〟〝素晴らしいマネジメントだった〟と感じてもらえた時なのだと思います。もし私が試合中に威厳を出そうとしたら、単に高圧的になるだけでマネジメントはうまくいかなくなります。

過去には〝審判の判定は絶対〟という時代もありましたが、今は映像判定の導入などもあり、〝審判だって間違えることがある〟ということが浸透してきました。両チームからレファーされたからこそ選手と同じ目線に立ち、時には間違いを認めることも大切です。よって私は〝選手に対して威厳を示そう〟とは考えません」

西村は「審判と選手」の関係をこう表現する。

「私は選手たちを常にリスペクトしていますが、それが返ってくることは期待していません。判定が違えば〝あの審判はダメだ〟と思われるでしょうし、判定が正しければ〝よく見てくれていた〟と信頼される。この信頼を積み上げていくことで、お互いにリスペクトし合う関係が理想です。そうなれば選手は判定を審判に任せて試合に集中できる。それが最高のゲームをつくり、審判としても〝最高のマネジメントだった〟ということになるのだと思います」

ブラジルW杯開幕戦の「PK判定」

サッカーでは反スポーツ的行為や遅延行為、チャンスが期待されるような局面を妨害する反則などがあればイエローカード（警告）が提示され、著しく不正なファウルや乱暴な行為、相手の得点や得点の機会が阻止される反則などではレッドカード（退場）が掲示される。プレーヤーが1人減るレッドカードは言うまでもないが、たとえイエローカードでもディフェンダーが激しいコンタクトを躊躇《ためら》うようになるので、チーム戦術に制約が生じかねない。

ゲーム展開を一変させる判定であるが、競技規則にはカードの対象になるかどうかの個別具体的な記述はなく、やはり主審の主観に委ねられている。それゆえに「1試合平均で何枚のイエローカードを出したか」が、選手やファンからのその主審に対する評価に繋がることもある（「枚数が多い主審は悪い」という意味ではない）。サッカー中継やテレビのスポーツニュースで主審が大映しになるのは、大概が「カードを示すシーン」である。

主審がクローズアップされる「カード」について、西村はやや意外な見解を口にした。

「カードの枚数が多い選手は〝悪い選手〟と見られる傾向がありますが、必ずしもそうではありません。与えられたポジションの役割やゲーム展開によっては、チームを救うための〝覚悟のイエローカード〟もあるわけです。

例えば、コーナーキックをクリアされてカウンター攻撃を受ける場面で、自チームのディフェンダーが相手ゴール前に上がっていて守備側が数的不利な状況であれば、ファールを冒してでも止めるしかないというプレー選択が予測できます。この〝カード覚悟のプレー〟でファウルがあれば主審は当然イエローカードを示します。こうした展開が起き得ることはボールをクリアされた時から両チームの選手も理解しているので、イエローカードを示したとしてもどの選手も納得してくれます。

選手が選択するプレーを〝評価〟するようなことを言うのは好ましくないのかもしれませんが、選手のプレーには必ず理由がある。それもまたサッカーの本質の一部。サポーターにはそういうところまで見てもらえると、サッカーの楽しみ方が広がると思います」

カードの掲示と並んで主審が目立つ場面、それはＰＫ判定だ。１点の重みが大きいスポーツだけに、得点・失点の可能性が極めて高いＰＫはゲーム展開を大きく左右する。

西村が主審を務めた試合で、世界的に注目されたＰＫ判定がある。２０１４年のブラジルＷ杯、日本人として初めて開幕戦で笛を吹いたブラジル対クロアチア戦だ。

１－１で迎えた後半24分、ペナルティエリア内でボールを受けたブラジルのＦＷフレッジが、クロアチアのＤＦロヴレンに後ろから抱え込まれるような形で転倒する。西村はこのプレーをファウルと判定した（ロヴレンにはイエローカード）。与えられたＰＫをブラジルのＦＷネイマールが決め、それが決勝点となった（最終スコアは３－１）。

注目の開幕戦、しかも優勝候補の地元ブラジルが苦戦している状況での判定は議論を呼んだ。世界中のスポーツ番組でそのシーンが繰り返し放送され、敗れたクロアチアのコバチ監督は「W杯の審判ではない」とまで西村を批判した。

西村は淡々と振り返る。

「後方から手をかけたホールディングの事実はあり、その〝程度〟について意見が分かれたケースでした。PKと判定して批判されましたが、逆にPKと判定しなくても批判されたでしょう。どちらの判定をしても納得されない出来事に、たまたま主審として遭遇してしまったということで、その出来事が起こらなければ〝運がよかった〟ということです。それでも、あの時に手がかかっている事実を見極められなければ、クオリティの低いレフェリングとなります。10年近く経った今も、あの決定に後悔はありません」

審判歴30年以上、数え切れないほどのジャッジをしてきた西村だが、たった一度の判定が後世まで物議を醸《かも》す。「不条理だと思いませんか？」と訊ねると、「それがサッカーであり、レフェリーの役割ですから」と穏やかに答える。

「実は審判の視点から見ると、W杯レベルの試合は戦術やプレースタイルが完成されているトップ選手同士のゲームなので、ピッチ内で起こることが比較的予測しやすいんです。Jリーグなどで、選手たちの闘志が剝《む》き出しになった試合のほうが難しいかもしれませ

2014年W杯開幕戦で主審を担当。ブラジルのエース・ネイマールに毅然とした態度でイエローカードを提示した

ん。普段のパフォーマンスをはるかに超えるプレーを創り出し、負けられないという思いが高まりすぎて、競い合いではなく〝戦い〟になってしまうことがあるのです。そうなるとファウルの判定も非常に難しくなってきます」

しかもスタンドにはそれぞれのチームを熱心に応援するサポーターがいる。難しい判定であれば何千人、何万人からブーイングを浴びる。

「繰り返しますが、それがサッカーの醍醐味なのです。サッカーは判定を含めて楽しんでもらえるスポーツ。観客の方々もいろいろな感情が動き、〝あの審判はいつもウチのチームに厳しい〟とか、判定に様々な理由を紐づけて批判することができる。もちろん批判され続けて気持ちがいいわけではありませんが、日頃、嫌なことがあって職場や家庭で怒鳴り散らすぐらいなら、チケットを買って競技場に来てもらって、〝西村、下手くそ！〟と発散していただいたほうがいいでしょう（笑）。

時には〝素晴らしいジャッジでした〟〝頑張ってください〟と声をかけていただくこともあります。とても嬉しくありがたいことだと感謝しています。サポーターの方々は、選手のプレーを通じて自分の人生を豊かにしている。選手を支える審判も、選手を介してサポーターのモチベーションを支えていると思えば苦にはなりません。達観しているわけでも、格好つけているわけでもなく、それはスポーツエンターテインメントというか、プロスポーツに関わる者として心得ておくべきことだと思います」

ＶＡＲは「選手を守るため」にある

あらゆるスポーツで導入されつつあるのが映像だ。サッカーでも２０１８年Ｗ杯からＶＡＲと呼ばれるビデオ判定が導入された。ピッチとは別の場所で複数のアングルから試合映像を確認する、「主審をサポートする審判員」という位置づけだ。

VARはあらゆるシーンに適用されるわけではない。介入する対象は「得点かどうか」「PKかどうか」「レッドカードかどうか」「（警告・退場の）選手間違い」の4項目と、主審が確認しきれなかった重大な事象のみで、主審の認識と映像に大きな違いがあった時にマイクを通じてVAR担当審判員から進言される。その進言がそのまま判定となるわけではなく、主審がピッチ脇のモニターで映像を確認するなどして最終決定とする。

監督の異議申し立てを受けて検証される野球の「リクエスト」や、選手がアウト・イン判定の確認を求めるテニスの「チャレンジ」とは、その点が大きく異なる。

「私たちが明らかな間違いをした場合には訂正できるほうがいい。本来、それが判定されるべき結果だからです。審判の判定は人間がその場面を見られる範囲に基づいていますが、別の角度やスローリプレイで見直すことができれば、より正しい判定に導けます。少しだけ時間を戻せるシステムなんです」

2022年のW杯カタール大会での「三笘《みとま》の1ミリ」（日本対スペイン）は、まさしくVARでなければ確認できなかったプレーだ。逆にいえば、サッカー史の〝伝説〟となっているアルゼンチンの英雄マラドーナの「神の手ゴール」（1986年W杯メキシコ大会。アルゼンチン対イングランド）は、VARがあれば「審判を欺こうとする反則（ハンド）」とされていただろう。

VARは「審判のサポート」として導入されたとはいえ、結果的に審判の〝誤審〟を白日の下《もと》に晒《さら》すことにもなるツールといえる。それでも西村は、「VARによってレフェリーのミスが減るのであれば積極的に導入するべき」と語る。

「人間はどれほど努力をしても間違うことがある。しかしその判定による1つの得点や1つのファウルが、プレーに関わった選手やチームの将来を変えてしまうこともあります。そのような状況では、テクノロジーの助けを借りて正確な判定を導くべきでしょう。VARは審判のためにあるのではなく、正しいプレーをしている選手を守るためにあると私は受け止めています。おそらく選手たちにも〝フェアプレーをしなければ〟という気持ちが強まるでしょう。ビデオを確認することで、悪質なプレーやシミュレーションもすぐに判明してしまいます」

一方で、マネジメントに関わる部分では「人間の判断」に委ねるべき部分もある。

「同じような接触でも〝ファウルと判定されることもあれば、ファウルとならないこともある〟ように、白黒はっきりさせられない事象が起こることもまたサッカーの性質です。そのあたりは、テクノロジーによる厳密かつ正確なジャッジとそぐわないこともあるでしょう。もし接触プレーのたびに試合を止めてビデオで検証していたら、サッカーの面白さは失われてしまいます。

サッカーは感情のスポーツでもあります。試合中に熱くなりすぎてしまった選手を落ち着かせる、不満を露わにしている選手に納得してもらえるように導くといった部分は、人間対人間でないとうまくいかない。判定にテクノロジーを導入する流れは当然だと思いますが、少なくとも判定を〝全面的に機械に任せる〟ということは難しいでしょう」

ややもすれば「人間がいいか、機械がいいか」という対立構造の文脈で語られがちなテクノロジー判定の導入論議だが、西村の答えは明確だ。

「選手が試合で全力を出せるようにするために——それだけです。実現すべきことが人間に委ねられるのであれば人間に、テクノロジーが適しているのであればテクノロジーに。審判の役割はあくまで選手たちを支えることなのです」

生まれ変わってもサッカーの審判

ＶＡＲは選手を守るだけでなく、審判にかかるストレスを減らす存在ともいえる。「三笘の１ミリ」も人間の判定だけであれば、どちらに判定しても審判は猛烈な批判に晒されただろうが、そのリスクを機械が背負ってくれた形となる。

そのＷ杯カタール大会では、各スタジアムの屋根に設置された12台の追跡カメラとボールに埋め込まれたＩＭＵ（慣性計測装置）センサーによってオフサイドを判定する「半自動オフサイドテクノロジー」が導入された。こうした最先端機器が審判の精神的、肉体的負担を減らすことになれば、審判の「現役寿命」が延びる可能性も出てくる。

国際審判員には45歳定年制が存在していたが、２０１６年に廃止された。ＶＡＲの導入により審判の負担が減ることで、優秀な人材が継続して国際審判員として活躍できる環境が広がったといえよう。すでに日本サッカー協会が認定する審判員制度には定年がなく、体力テストさえクリアすればそのカテゴリーの審判ができる。

そうはいっても、トップカテゴリーの試合で主審は約12キロを走破する体力が必要になる。50代となった西村は「審判のピーク年齢」をどう考えているのだろう。

「身体的なピークは若い年代であることは確かですが、マネジメントに不可欠な〝選手との信頼関係〟のピークは、審判人生の晩年に近づいた頃になります。最初は選手との信頼関係はゼロです。1試合、2試合と笛を吹いて少しずつ信頼を得ていっても、その次の判定でミスをすれば信頼はマイナスになってしまう。それでも諦めずにこれを繰り返しながら徐々に信頼を高め、選手に名前を憶えてもらうようになるまでには10年、20年の時間が必要です。残念ながら、体力のピークと信頼のピークはまず重なることはありません。

選手と審判の関係性はとても面白いと思います。誰とは言いませんが（笑）、全盛期は私にヤンチャな態度を示していたスター選手も、年齢と経験を重ねていくと〝西村さん、今日は任せましたよ〟と接してくれるようになります。審判を信頼して試合を委ねたほうが自分たちのプレーに集中できることが分かってきたのだと思います。そんなベテランレジェンド選手とのやり取りを見ている若い選手も、そこから審判との関係を学んでくれます。〝日本サッカーの父〟と呼ばれるサッカー指導者、デットマール・クラマーさんは『サッカーは子供を大人にし、大人を紳士にしてくれる』という言葉を残していますが、まさにそのとおりだと思います」

では、西村はいつまでサッカーの審判員を続けるのか。

「プロフェッショナルレフェリーは1年ごとの契約ですから、契約を更新してもらえなければ〝プロ審判引退〟となるのかもしれません。ですが、私は契約のために審判をやっているのではなく、選手の夢を支えるために審判を続けています。今はトップリーグを担当させていただいていますが、体力的にトップカテゴリーの試合が難しくなった時は、少年サッカーや練習試合など、どんな試合でも喜んで担当したいですね」

W杯開幕戦を任されてネイマールと同じピッチに立った世界的な名審判が、少年サッカーで笛を吹く——往年の名選手が子供たちに指導するのと同じくらい、次世代のサッカー少年少女にとって最高の時間になるはずだ。

最後に「別の競技の審判をやってみたいと思いますか?」と訊ねてみた。

「仲間である選手たちと一緒に、感動を創りあげる醍醐味を共有できる競技は、サッカーが一番だと思っています。生まれ変わってもサッカーの審判を選ぶと思いますよ」

そう答えて、西村は微笑《ほほえ》んだ。

第2章

プロ野球審判　橘髙淳

「正しくて当然、間違えれば叩かれる」という宿命

橘高淳（きったか・あつし）

1962年、滋賀県生まれ。瀬田工高3年時に正捕手として甲子園に出場。1980年にドラフト外で阪神に入団し、4年間在籍した。現役引退後の1985年にセ・リーグ審判部に入局し、60歳を迎えるまで審判員を務め、史上19人目の3000試合出場を達成。2022年シーズンではロッテ・佐々木朗希がパーフェクトゲームを達成した試合で球審を務めた。オールスター5回、日本シリーズ7回出場。（本書発売時点で61歳）

「虎風荘」の寮長に勧められた

日本野球の頂点にあるＮＰＢ（日本野球機構）。その舞台で審判として選手とボールを追い、ジャッジを下してきた橘高淳は２０２２年に60歳を迎え、９月20日の阪神－ＤｅＮＡ戦を最後に38年間の審判生活に幕を下ろした。出場試合数は３００１。この数字に届いたのは橘高を含めて19人しかいない。

橘高はプロ野球の世界に選手として足を踏み入れた。滋賀・瀬田工高時代に甲子園に出場した橘高は、１９８０年にドラフト外で阪神タイガースに入団。キャッチャーとしてプレーしたが、一軍に上がることなく83年オフに戦力外となった。

「翌年は練習生として再び支配下登録選手を目指しましたが、希望はかないませんでした。同級生たちは大学を卒業する年齢で、僕も就職先を見つけないといけなかった。球団もいくつか企業を紹介してくれたのですが、当時の虎風荘《こふうそう》（球団寮）の寮長が『審判をやれ』と勧めてくれたんです。僕の頭の中にはなかった選択肢でした」

想定していなかった提案に即答できず、橘高はひとまず滋賀の実家に戻った。とりあえずの働き口として親戚に紹介してもらったスーパーでアルバイトをしていたところ、寮長が改めて「審判になれ。銀座のセ・リーグの事務所へ面接に行け」と実家に連絡してきたという。

「あまり乗り気ではなかったのですが、球団からも正式に推薦状が出ているということだったので受けることにしました。84年の年末に東京まで面接に行くと、そこで広島のキャッチャーだった上本孝一《うえもとこういち》（81年ドラフト5位入団、84年引退。２００６年死去）とばったり出くわして驚いたのを覚えています」

技能やルールのテストはなく、審判部長と副部長による面接と簡単な作文だけ。そして年明け早々に合格通知が届いた。

「当時、審判は定期採用がなかったので、面接段階である程度絞り込まれていたのだと思います。一緒に面接を受けた上本も採用されて、審判の同期になりました。上本は現役に見切りをつけた頃から審判を目指していたそうです。

当時の審判員はプロ野球経験者が約半分を占めていました。他の多くも高校や大学での野球経験者ですが、中にはラグビー部出身の先輩もいました。採用後は講習会のようなものはなく、いきなり2月の春季キャンプへ参加し、そこで審判のイロハを諸先輩から叩き込まれました」

橘高はセ・リーグ審判部へ入局。1年後に米国のブリンクマン審判学校に研修派遣され、審判員として技術や知識を高めていった。

現在、プロ野球審判になるためにはNPBのホームページ等で公募される年1回の「NPBアンパイア・スクール」(会場・ロッテ浦和球場)の受講が条件となっている。プロ野球審判の採用と野球審判の技術向上を目的に2013年から毎年12月に開催されている6泊7日のプログラムで、応募者の中から書類選考された約60人が参加する。スクールでは現役のNPB審判員がルールや動作を指導し、そのシーズンにトラブルとなった判定に関するウラ話なども聞くこともできる。参加者の中から数名がNPBの育成審判員となり、ファームの公式試合で実務を積んでから正式に審判に昇格する流れだ。

非常に「狭き門」に思えるが、受講者は必ずしもプロの審判を目指す者だけではない。社会人野球や大学・高校野球、リトルリーグ、さらには草野球の審判をするために学びたいという参加者もいる。スクールを修了すれば、全日本野球協会が発行する「公認審判員

（3級）」の認定を受けられる。

かつては橘高のようなプロ野球選手からの転身組が多かった。2024年シーズンのNPBには審判長、副審判長、クルーチーフを含めて審判47人、育成審判10人、スーパーバイザー5人がいる。スーパーバイザーを含めた62人のうち11人が元プロ野球選手だが、「NPBアンパイア・スクール」が開催されるようになってからは、高校や大学を卒業後、プロ野球選手ではなく審判員を目指す者が増えている。

誤審が多いと契約打ち切り

1985年にNPBの審判部入りした橘高は、セントラル野球連盟関西在住審判として正式に契約した。

「高卒で阪神タイガースに入団した時の年俸は240万円。それからの在籍4年間で300万円には届きませんでした。面接の時に審判部長の富澤宏哉《とみざわひろや》さんから『（選手時代から）若干下がるけど、やっていけるか』と聞かれました。独身だったし、40年近く前の物価ですからね。そんなに悪い待遇ではなかったと思います」

だが、それで将来が安泰になったわけではない。審判員はサラリーマンではなく、1年ごとにNPBと契約を更新する個人事業主だからだ。プロ野球選手のような契約金もない。オフにクビを通告されれば、その瞬間に無職になってしまう。

「あくまでも実力の世界です。プロの審判として通用しないとみなされれば、翌年の契約更新時にお払い箱になる。一軍に上がれないまま辞めていった審判員をたくさん見てきました。一軍のゲームに出るようになっても、誤審が問題となって契約延長されなかった審判もいました。ミスは誰でもありますが、『同じようなミスが多い』『ミスの原因は何か』『改善される見通しが低い』といった評価を経て、契約が更新されるかどうかの判断が下されるのです」

次のシーズンも契約が継続される審判には10月末までに翌年の更新の連絡が届くが、カットされる審判にはシーズン終盤の9月に打ち切りが伝えられる。実績があるベテランの場合は「引退試合」を組んでもらえる一方で、ナイターに出場した翌日に「今季限り」を通告される審判もいる。プロ野球選手の戦力外通告と同様にシビアな世界だ。

実は審判には明確な定年が決まっていない。これも選手と同じだが、近年は橋髙のように60歳を区切りに引退するケースが多く、事実上の〝定年〟となっている。

「ひと昔前は55歳が区切りでした。それが56歳になり、58歳と延びていった。そして60歳まで務めた先輩がここ3年ほど続いたので、僕も60歳までやりました。

引退年齢が上がっている背景には人材不足があります。審判の養成には時間がかかるうえ、ミスが多ければ契約が打ち切りとなる。２０２５年あたりに60歳を迎える審判が多いので、今後はさらに引き上げないと審判が足りなくなってしまうかもしれません」

重大なミスがなかったことで60歳まで審判を続けられた橘高だが、判定が難しい場面は幾度もあった。特に橘高が球審を務めた西武と中日による２００４年の日本シリーズ第１戦は「最大のピンチ」だったという。

５回ウラの中日の攻撃、１死一塁の場面。谷繁元信のキャッチャーゴロを西武の捕手・野田浩輔が打者走者の谷繁にタッチした後に二塁へ送球した。球審の橘高は打者走者へのタッグプレー（タッチプレー）を宣告したが、二塁塁審がそれを確認できないまま二塁をフォースプレー（走者アウト）と判定。そして遊撃手が一塁に送球して「２－６－３」のダブルプレーが成立してしまったのだ。

この判定に対して中日の落合博満監督が、「打者走者にタッチしてから送球した。一塁ランナーはタッチプレーだから、併殺（ダブルプレー）にはならない」とアピールし、それが認められて「2死二塁から試合再開」と判定が覆った。

ところが今度は西武の伊東勤監督が審判団に猛抗議し、実に49分間も試合が中断した。

「当時は〝監督の抗議は5分以内〟と定められていて、それを過ぎれば退場を命じなければならない決まりでした。それを大幅に超えてしまったので、伊東監督に退場を宣告し、僕も（混乱を招いた責任をとって）辞表を書かなければならないと腹をくくりました」

だが、日本シリーズの舞台で監督を退場にさせたくなかったこともあり、責任審判を務めていた左翼外審の友寄《ともよせ》正《まさ》人《と》から「退場宣告は待て」の指示が出ていたという。そのため、長時間の抗議の末に引き下がった伊東監督に退場は告げられなかった。

試合進行のルールを逸脱したのは事実だが、審判団の総意による判断ということで橘高に責任は及ばなかった。そして、そのシーズンオフも橘高のもとには契約更新の連絡が届いたのだった。

一軍公式戦球審デビューの思い出

審判として採用されると、まずは先輩審判と一緒に行動する。キャンプやオープン戦で先輩たちの動作や判定の基礎を学び、二軍の公式戦で「プロデビュー」となる。

橘高が初めて審判を務めたのは阪急（現オリックス）二軍のホームゲームだった。阪急の本拠地・西宮球場に隣接した西宮第二球場。現在は取り壊されてショッピングセンターの駐車場になっているが、すぐ近くを名神高速道路が走り、外野スタンドもない簡素な球場だった。

「ファーム（二軍）で2～3年の実績を積むと、（一軍選手が出場する）オープン戦に使ってもらえるようになり、まずはそこで一軍のプレーや球場の雰囲気を感じるところから始めます。ファームの試合やオープン戦は審判部の指導員が視察に訪れ、〝一軍の試合でも通用する〟と判断されてようやく、一軍の公式戦に起用されます」

初めて一軍の試合に出場したのは1987年のシーズン終盤の9月8日。甲子園球場での阪神－ヤクルト戦で、担当は左翼外審だった。そのシーズンは8試合で一軍の審判を経験し、翌年は15試合、翌々年は38試合に出場した。

ついに一軍公式戦の球審を任されたのは審判になって6年目、1990年6月7日の広島―ヤクルト戦だった。

「その試合は強く印象に残っています。広島市民球場での3時間15分の試合でしたが、ストライク・ボールの判定ミスもなく、自分では合格点が出せる試合でした。ただし〝9回までに終わっていたら〟の話ですけどね（苦笑）」

この試合は同点のまま延長に突入してしまった。

「緊張の連続だったこともあり、正直なところ〝おいおい、延長かよ……〟という感じでした。10回ウラに広島の山崎隆三選手のサヨナラ本塁打でゲームセット。大きな失敗もなく終わって本当にホッとしました。3001試合の中でも印象深い試合のひとつです」

審判には「一軍球審デビュー」が経歴として残る。球審は塁審や外審と比べて、はるかに重要なポジションなのだ。

「1球ごとに判定しなければならない球審のプレッシャーは半端《はんぱ》ではありません。1つの試合で両軍の投手が投げるのは約300球です。それをすべて正確に判定しようと力んでいては身が持たない。あまり難しく考えず、1試合に10球ぐらいある〝本当にギリギリの球〟を正確にジャッジしようと心掛けるようになってから、少し気持ちが楽になりました。とはいっても、その球がいつ来るかは分かりませんから、緊張の連続に変わりはありません。試合が終わると達成感を覚えるとともに、疲労困憊になりますね」

セ・リーグでは1990年から公式戦やオープン戦で外審が廃止され（パ・リーグは1996年から）、現在の審判団は5人で1クルーとなっている。

審判員の所属は基本的に関西と関東に分かれているが、東西ミックスでクルーが組まれる。試合に出場するのは4人。球審を務めた次の試合は控えに回り、控え審判は三塁（塁審）担当となる。三塁は二塁へ、二塁は一塁へ、そして一塁は球審へと時計回りにスライドしていくローテーションだ。雨天中止の場合でも、予備日が設定されていない限り〝スライド出場はしない〟のが審判団の慣例で、「球審を担当する試合」はかなり前から決まっているという。なお、2010年にビデオ判定が導入されてからは、控え審判が「ビデオ担当」として映像をチェックする役割を担っている。

ちなみに塁審で判定機会が一番多いのは一塁で、その次がダブルプレーや送りバント、盗塁などの判定機会が多い二塁。三塁も同じだが、二塁に比べれば少ない。

「基本的には判定機会が少なければ気が楽ですが、これればかりは試合になってみないとわかりません。一塁で際どいプレーが一度も起こらないのに、なぜか三塁ばかりでクロスプレーが起きたり、三塁線にフェア・ファウルの判定が微妙な打球が続いたりする試合がある（苦笑）。球審が一番大変なのは確かですが、早打ちが多いゲームでは〝今日はストレスがなかった〟と感じることもあります」

映像検証を待っている間は……

２０１０年に「本塁打判定」限定で導入されたビデオ判定の範囲は年々広がっている。２０１４年からは本塁打以外のフェンス際の飛球、２０１６年から本塁クロスプレーにも導入され、２０１８年以降はストライク・ボールやハーフスイングの判定などを除くほぼすべてのプレーについて、審判の判定に異議がある場合、監督はビデオ検証要求（リクエスト）ができるようになった。

接戦でのセーフ・アウト判定は勝敗を左右する。選手にしてみれば打率や打点、防御率などの記録にも影響し、それが年俸査定に響くこともある。「ビデオ検証に基づく正確な判定」は総じて監督・選手たちに納得感を与え、歓迎されている。

実際、リクエスト制度が導入されたことで、誤審によって試合が左右されるケースは大幅に減った。映像確認に委ねることで、監督や選手が審判に執拗《しつよう》に抗議をする場面もなくなった。試合時間の短縮に繋っていることも間違いない。

だが見方を変えれば、審判の「権威」は揺らぎ、その存在すら否定されかねない変更でもある。極端にいえば審判は〝仮判定〟をする役割で、「最終判定」を下すのは機械ということになるからだ。しかもプロ野球の場合はビデオ判定がひとつの〝ショー〟になっている面もある。判定が出るまでの間は球場の大型スクリーンに検証映像が何度も流され、ファンが歓声を上げ、あるいは大きな溜め息を漏らす。明らかな〝誤審〟であれば、その数分間、判定を下した審判は針の筵《むしろ》だ。審判の立場からはどう感じるのだろうか。

「マイナス面はないと思っています。あとは我々の心持ちの問題です。いい意味で安心感と自信を持ってジャッジできるようになればいいが、〝どうせビデオがあるから〟と甘える審判が出てきたら残念なことです。あとは判定が覆った場合に、検証映像を反省材料にできるかどうかですね」

リプレー検証映像は試合翌日の朝、全審判に連絡網で送られてくる。各自が確認し、事案によっては映像を見ながら、〝審判がなぜあの位置に立っていたのか〟といった反省会も行なわれるという。リクエスト制度は審判の技術向上にも一役買っているのだ。

ちなみにNPBとMLBでは映像検証に大きな違いがある。MLBはニューヨークのオペレーションセンターですべての試合の映像チェックが行なわれ、そこで最終判定が決まる。一方、NPBではリクエスト対象となったジャッジをした審判以外の3人の審判がリプレー映像を確認し、それぞれに見解を示す。2021年までは全員の意見が一致しないと判定は覆らなかったが、今は3人の多数決で決めるようになった。

いずれにしても、常に一緒に行動している審判が同僚のジャッジを〝再判定〟し、場合によっては否定することになる。

「どちらとも取れる判定の場合は同僚のジャッジを支持してやりたくなるものです。でも、ルールはルールなので厳密にやるしかありません。リクエスト制度の導入で審判の権威がなくなるという声もあるが、最終的に審判団の総意で決めているわけですから、決して審判の権威が落ちるとは考えていません」

橋高も何度かリクエストを受けたが、自身が判定直後に〝ミスジャッジではないか〟と不安に駆られたことが2回ある。いずれも一塁塁審での内野ゴロの場面。打者走者の足が先だったとして「セーフ」をコールしたが、ビデオ判定で2回とも「アウト」に覆った。

「実はどちらのケースでも、リクエスト後に自分の記憶を巻き戻したら、(打者走者の)足がベースに届いていなかったんです。すぐに〝ああ、やってしまった〟と思いました。監督のリクエストを受けて僕以外の3審判が映像確認ルームに向かっていく。そこで僕は『確認するまでもない。自分が間違えた。時間の無駄だから、この場でジャッジを変えてくれないか』と提案したんですが、受け入れてもらえませんでした。

当該審判の私は部屋の外で待つのですが、待っている間にバックスクリーンで流される映像でスタンドが沸いている。どっちとも判断できるプレーならいいが、ミスした自覚があると本当につらいです(苦笑)。

実はその年のオフの審判の会合でも、『ジャッジミスの自覚がある場合、当該審判の自己申告で(映像を見ないで)覆したらどうですか』と提案したのですが、『リクエストは映像を見て確認する決まり』と却下されてしまいました」

技術の進化とともに、リクエストの対象プレーも広がっていくだろう。今後はストライク・ボールやハーフスイングの判定にも映像判定が導入される可能性もある。

現在、ハーフスイングについて捕手からアピールがあった場合は球審に加え、一塁や三塁の塁審から見た角度で判定している。リクエスト対象となればどの角度からの映像で確認するかという基準を明確にする必要があるし、そのためのカメラの設置も必要になる。また、スピーディーな試合進行を妨げることにもなりかねない。

「今は映像確認を第三者ではなく、球場にいる審判団がやっている。それくらいの範囲に留めておいてもらいたいというのが本音です。ストライク・ボールまでビデオ判定するようになれば、極論をいえば審判はいらなくなってしまいますから」

オーバーアクションは自信の表われ

球審が試合中に見せる判定アクションには個性がある。審判歴29年の敷田直人審判員の「卍《まんじ》ポーズ」や、審判歴35年の西本欣司審判員や審判歴18年の市川貴之審判員の「両腕突き上げポーズ」はファンの間でも有名だ。

声にも特徴がある。審判歴28年の白井一行審判員は独得の甲高い声でストライクやアウトのコールを球場中に響かせる。

そうした派手なアクションやコールは審判歴15年以上のベテランに多い傾向があるが、実はプロアマ共通の日本唯一の審判マニュアルである『審判メカニクスハンドブック』（日本野球協議会オペレーション委員会審判部会発行）には基本ジェスチャーが記載されており、そうした派手なアクションはそれから「逸脱する」と解釈される。

「審判の個性は悪くないと思う。みんなが同じジェスチャーでは、それこそ機械判定と同じで面白くないでしょう。選手やスタンドのお客さんに『ストライクかボールか』『アウトかセーフか』をはっきり伝えることが大前提ですが、それが伝わるのであればどのような姿勢でも構わない。球審の大声も、特徴あるジェスチャーも、ジャッジに自信があるからこそ。〝目立ちすぎ〟との批判もあるでしょうが、それは観客の反応を見て考えればいいと思う」

派手な「動」のアクションだけでなく、プレーを盛り上げる「静」のパフォーマンスもあるという。

「球審があえて一呼吸置いてストライクのコールをすることがありますが、この〝間〟も大事なんです。ギリギリのコースに決まって〝間〟が空きすぎると迷っているように見られますが、〝間〟がないとスタンドのお客さんも息をのむ時間がなくなってしまう。一定の〝間〟を持っているのがいい審判だと思いますね。実はベテランの中継アナウンサーもこの〝間〟を大事にしていると聞いて共感しました。アナウンサーも審判も、視聴者や観客に野球を楽しませる役割を担っていると考えています」

では、審判たちはプレーのどこを見ているのだろうか。

「極めて単純明快ですが、〝野手のグラブに入るまでボールから目を離さない〟ということ。走者は必ずベースに向かって走ってくるので、そちらを注意深く見る必要はありません。あとはどのタイミングで走者の足や手が視界に入ってくるかでジャッジするわけです。

一塁ベースのフォースプレーでは、走者がベースを踏むのとグラブにボールが納まるのとどちらが早いかを判断しますが、審判にはそれぞれ〝スクリーン〟があって、両方が一緒に見えるところに立つことが重要です。さらに耳でも判断します。ファーストミットにボールが入る音と、ベースを踏む打者走者の足とどちらが早いかで判断します」

そうした審判の正確な判断とジェスチャーが試合を盛り上げている。それこそが「ビデオ（機械）判定ではできない技術」「人間が審判を担う意味」といえるのかもしれない。

前代未聞の「ガルベス退場事件」

ルールブック（公認野球規則）には、「監督、コーチ、選手は審判の判断に異議を唱えてはならない」と記されている。例えば、投手が異議を唱えるために球審に向かってきた場合には「警告」を出すことができる。

2022年4月24日、ロッテの佐々木朗希が球審の白井一行のボール判定に不服そうな表情を浮かべてマウンドから本塁に向かって数歩近づいた。この佐々木の行為に対し、白井球審もマスクを外してマウンドに詰め寄るシーンがあった。

捕手の松川虎生《まつかわこう》と責任審判の嶋田哲也塁審が間に入ったことで事態は収まったが、相手が2週間前に完全試合を達成したばかりの「令和の怪物」だったこともあり、白井に対して「大人気ない」という批判が巻き起こった。

近年では珍しい光景だが、昭和・平成のプロ野球では監督や選手が審判の判定にクレームをつけることは日常茶飯事だった。

橋高も選手から〝球史に残る抗議〟を食らった経験がある。1998年7月31日、甲子園球場での阪神－巨人戦でのことだ。橋高のストライク・ボール判定にたびたび不服そうな表情を見せていた巨人の先発・ガルベスは、6回に阪神・坪井智哉にホームランを打たれ、降板を告げられる。苛立ちを隠せないガルベスは長嶋茂雄監督になだめられながらベンチ前まで戻ったその時、長嶋監督の腕を振り払い、手にしていたボールを巨人ベンチに背を向けていた橋高に投げつけたのだ。

プロのピッチャーが渾身の力で投げる硬球は凶器と変わらない。当然、即刻退場が命じられ、巨人はガルベスに無期限の出場停止処分と罰金4000万円を課した（セ・リーグからはシーズン残り試合の出場停止処分）。さらに後日、責任を示す形で長嶋監督が頭を丸坊主にするなど、騒ぎは尾を引いた。

「確かに前代未聞の出来事でしたが、自分を本気で狙っていたなら直撃していたでしょうから、ぶつけようとしたわけではないと思っています。この一件があったものの、ガルベス投手と相性が悪いと感じたことはありません。彼は翌シーズン以降も巨人でプレーしましたが、この時以外に文句を言われた記憶はないですからね」

橋髙が当事者になった〝長嶋監督絡みの退場劇〟はもうひとつある。

1994年5月10日のヤクルト－巨人戦、遊ゴロを処理した巨人・川相昌弘がセカンドランナーを刺すべく三塁へ送球し、ボールを受けた三塁手・長嶋一茂がタッチしたものの三塁塁審・橋髙はセーフと判定。これを不服に思った一茂が橋髙の胸を突いたことで退場に。ミスターの目の前で息子を退場処分にしたことで話題になった。

「審判に手を出したら有無を言わさず退場ですが、昔は暴言を吐いて退場になるケースも年に1～2回あり、その場合は審判が批判されてしまうような風潮がありました。長嶋監督の前で一茂選手を退場させた時は、〝長嶋家に汚点を残した〟と書きたてられました。世間は長嶋家の味方ですからね（苦笑）」

実は橋髙が審判になった頃は、選手が抗議する際に審判に接触しても、退場にならないことが多かった。選手よりも〝一段下の存在〟という意識が審判側にもあったからだと思われるが、橋髙が中堅となった頃からは審判の威厳を守る手段として、厳格に退場を宣告

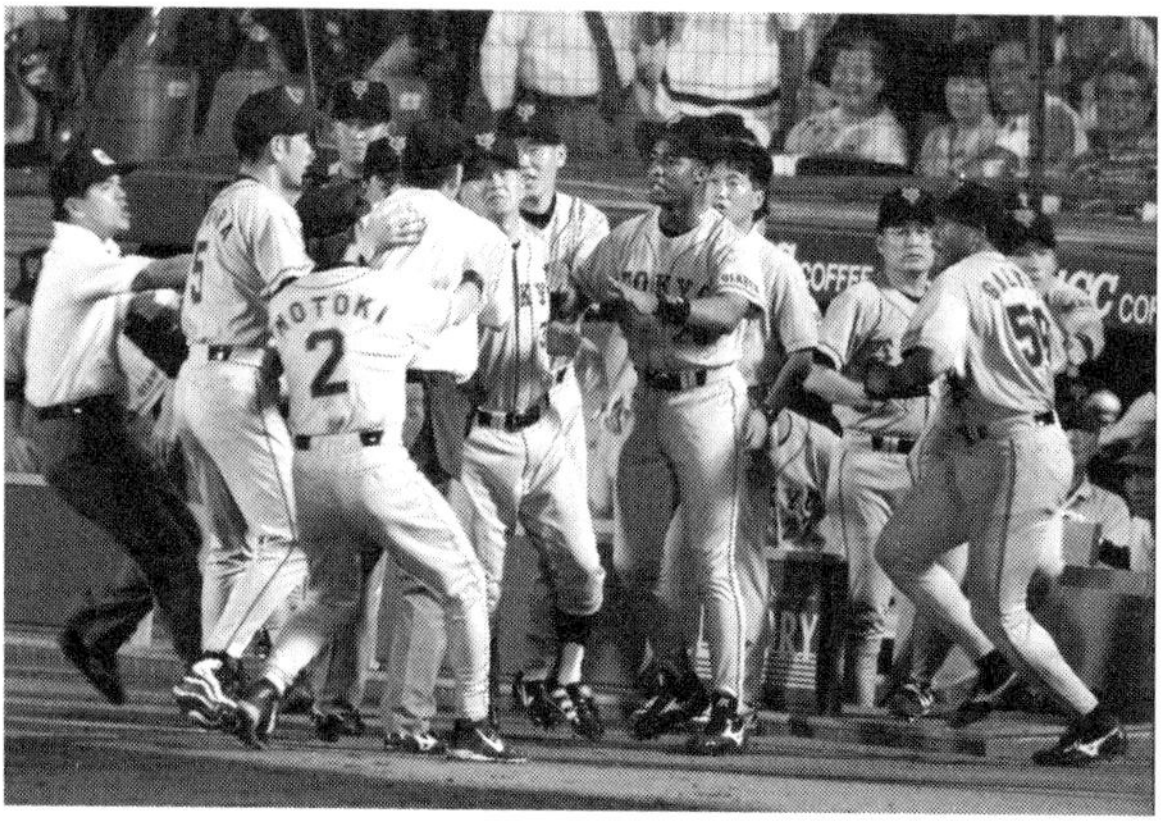

ボールを投げつけたガルベス（右端）に詰め寄る橘高（左から４人目）。長嶋監督（左から５人目）が必死で制止した

する方針になったという。

「審判への暴言や暴行には退場処分を下せるとルールブックに書かれており、ルール通りに進めるようにしただけのことです。初めの頃は『以前はこの程度では退場にならなかった』と憤る監督や選手もいましたが、僕の後輩たちもルール通りに退場処分を下すようになったことで、審判への暴言や暴行が少なくなりました」

それでも橘高は「審判が威厳を振りかざすようになってはいけない」と考えている。

「近年は選手から〝敬意〟を持って接してもらえていると感じますが、あくまでそれは相手が感じてくれることであって、こちらから誇示するようなものではありません。少なくとも僕自身は〝審判の威厳〟を自覚したことはなかったですね」

「声出し練習」が審判寿命を延ばす

先述したように「審判の高齢化」を懸念する橘高だが、審判に「ピーク年齢」はあるのだろうか。

「審判歴10年くらいで一軍の試合をフルシーズン担当するようになって、そこからが勝負です。まずは日本シリーズに1回出場し、そのあとも日本シリーズやオールスター戦を複数回任されれば〝一流の審判〟ということになるでしょう。

年齢でいえば40歳前後ですね。その世代の後輩たちを見ていると、〝自信が出てきたな〟〝脂が乗ってきたな〟と思う審判員が何人もいます。それから20年近く一軍のレギュラーを張って、60歳までやれたらいいですよね。僕は50代になっても体力的にキツいと感じたことはないし、視力の不安もなかったです」

審判長、副審判長、クルーチーフを含めた全審判47人の年齢構成を見ると、50代が最も多い。サッカーやラグビーの審判員と比べても年齢層は高い。

「多い時は1シーズンで120試合、平均すると110試合ぐらいを担当してきましたが、56歳を過ぎてからは徐々に若手に出番を譲り、80試合程度になりました」

プロ野球は年間143試合と他のスポーツと比べて試合数が圧倒的に多く、試合時間も約3時間と長い。しかしサッカーやラグビーの審判のように、選手と同等の運動量は求められない。体力の衰えが引退理由にはなりにくいといえる。

「塁審は外野への打球判断もあるので、互いにカバーする必要がありますし、プレーによっては球審がファーストやサードのカバーに走ることもある。ただし体力テストのようなものはありません。球審のプロテクターやレガースを着けたまま塁間を見苦しくない走りができれば続けられるでしょう。

それでも今の若い審判はしっかりトレーニングしていますね。私も審判になった頃に50代の先輩から『若い時から鍛えておけ。今は20代のプロ野球選手上がりだから体力に自信があるだろうが、そのうち衰えがくるぞ』と釘を刺されていたので、シーズンオフにはそれなりに走り込んでいました」

プロ野球の審判は球団の春季キャンプに参加して、ブルペンで判定の練習をしたり、朝は屋外で声出しのトレーニングをする。

「シーズン中は個々で練習します。60歳近くになってもナイター前の散歩は欠かさなかった。ゲーム前には両手をいっぱいに伸ばして、右手と左手の爪を交互に見て瞳を動かす訓練をしました。

年齢による衰えが出やすいのは動作よりもコールかもしれません。若い頃に声出し練習をどれだけ重ねたかで審判寿命が決まるといってもいい。ファームの時はとにかくひとつのジャッジで大きな声を出してアピールしましたね。やがて一軍で実力を認めてもらえるようになると、先輩から〝自分なりのコールに変えていい〟とゴーサインが出る。そこで自分なりの声出しができていく。高い声を出したり、『ストラーーーーイク!!』と伸ばしたり、あるいはジェスチャーを取り入れる代わりに声を控えめにしたり、それぞれの個性が表われるようになるんです」

特徴のある声や動作は、長く審判を続けた実力の証《あかし》なのだろう。

正しい判定でも叩かれる理不尽

どのスポーツにも当てはまるが、審判が「中立」であることは言うまでもない。ルールブックには「選手や監督、コーチ、クラブ職員と礼を欠いてはいけないが、特別親しくすることは慎まないといけない」と記されている。

「我々は監督やコーチ、選手とは一線を引いています。地方遠征で同じ飛行機に乗り合わせることはありますが、宿泊するホテルは必ず違います。飲食店で出くわせば世間話くらいはしますが、〝一緒に一杯どうぞ〟とは絶対にならないです」

審判も人間である以上、プライベートで選手と親交を持てば、何かしらの情が湧きかねない。また、橘髙のような野球経験者であれば、至近距離でプレーする「一流選手」にある種の敬意も感じるだろう。かつて日本球界には「王ボール」「長嶋ボール」という表現があり、〝ONが見送った際どいコースはボールになる〟といわれた。

「そうした〝伝説〟は知っていますが、実際には〝この打者が見送ったらボール〟なんてことは考えたこともなかったですよ（笑）。そんなことを考える余裕もなく、ホームベース上を通過する1球1球を判定するだけで精いっぱいでした」

橋髙はONの現役時代とは重なっていないが、2人が監督をしていたチームの試合は何度も担当した。

「長嶋監督は本当に紳士でしたね。『橋髙〜、今のはストライクだろうよ』と言われたことはありますが、嫌みがまったくなかったですね。ダイエーの王監督時代に日本シリーズで球審をやりましたが、やはりみなさんのイメージ通りです。

星野仙一監督は〝闘将〟という通り名からエキサイトする印象を持たれがちですが、実は抗議する時は冷静な方でした。どうすると退場になってしまうかが分かっていたのでしょう。あの怖い顔で抗議しますが、度を越すことはなかったですね」

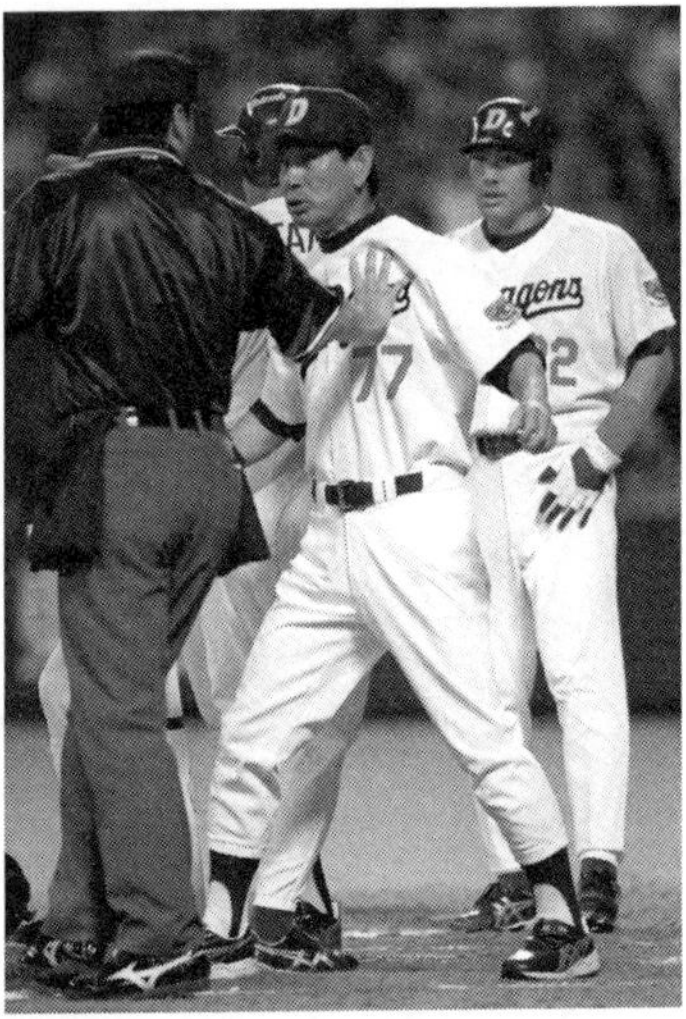
鬼の形相で球審の橋髙に抗議する星野監督

そうはいっても、「やはり抗議されるような場面は精神的につらい」と本音を明かす。

「審判は正しくジャッジして当たり前ですから、褒められることはありません。逆に判定を間違えれば袋叩きにあいますが、それは審判の宿命なので仕方ありません。ただ、正しいジャッジをしているのに叩かれるのは理不尽に思いましたよ（苦笑）。

関西ではとりわけ阪神に肩入れするメディアが多いですから、特に甲子園で阪神に不利な判定をすると翌日のスポーツ新聞には悪意ある写真がよく掲載されました。ビデオ判定までしているのに、〈疑惑の判定〉なんて見出しも付きます。〈微妙〉くらいなら気にしませんが、さすがに〈疑惑〉とか〈誤審〉とか書かれるのは釈然としませんし、それが一人歩きすると立場的にも問題が出かねない。自分の判定はもちろんですが、同僚のジャッジについて書かれても腹が立つことがありました」

一流のピッチャーは一流の審判を育てる

審判は歴史的な記録の〝見届け人〟でもある。

2022年4月10日、ロッテ・佐々木朗希がオリックス戦で史上16人目の完全試合を達成。13者連続奪三振のプロ野球新記録と1試合19奪三振の最多タイ記録も同時にマークする記録ずくめの試合で、橘高は球審を務めた。

「あの日の佐々木投手は抜群でした。とにかくストレートが速く、手元でもの凄く伸びてくる。キャッチャーの真後ろで見ていると、〝キレがなくなってきた〟とか〝ボールがおじぎしてきた〟というのが分かりますが、この時は5回のグラウンド整備中の審判控室で『今日は、このまま行くんちゃうか』と話していました」

もちろんキレがなくなったり、スタミナが切れたりしたからといって、打たれるとは限らない。逆にどれほど調子が良くても出会い頭に一発を浴びることもある。そんな試合もたくさん間近で見てきた橘高だが、「この日の佐々木投手は持っている力を、常時マックスで発揮していたように見えた」と振り返る。

「ロッテの本拠地・ZOZOマリンスタジアムは強風が吹くことで知られていますが、ほぼ無風で天候も穏やか。最高のコンディションでした。僕はダルビッシュ有投手や大谷翔平投手の投球もジャッジしましたが、佐々木投手のほうが〝いい球の割合〟が高い印象です。完全試合の時は5球のうち4球はいい球を投げていた。ダルビッシュ投手も大谷投手も凄かったですが、それでも5球のうち2、3球でした。それに加えてあの時の佐々木投手はテンポもコントロールも抜群だったと思います」

キャッチャーの真後ろという〝特等席〟から見ているうえに、数年間をプロの捕手として過ごした橘髙ならではの感想だ。「ピッチャーの配球を楽しむ余裕なんてありません」と言うものの、それほどあの日の佐々木は特別だったということだろう。

橘髙が〝球審として〟凄さを感じたのが、元オリックスの山本由伸だ。2023年には400勝投手・金田正一以来となる3年連続での沢村賞を受賞し、ポスティングを経て現在はMLBのロサンゼルス・ドジャースに活躍の舞台を移している。

「球審にとってやりづらいのは、コントロールが一定しない投手と、ベース付近で球が微妙な変化をする投手なんです。デビュー直後の山本投手は球威抜群でも荒れ球が目立ちましたが、この数年はコントロールが格段によくなりました。

球審は試合の最初に〝このコースはストライク〟という枠を決めて、試合の中でストライクゾーンが変わらないようにします。ところが荒れ球が多いと球審の目が落ち着かなくなり、枠が微妙にズレてしまうことがあります。そうなると微妙なコースをストライクにしにくくなる。1球目が高めに外れ、2球目がワンバウンドになったりすると、そのあと外角ギリギリに決まっても手が上がらないのです。山本投手のように球がまとまっていると、外角いっぱいとか低めいっぱいといったコースがきれいに〝線〟で見える。そうすると気持ちいいぐらい自信を持ってコールできるんです」

一流のピッチャーは一流の審判を育てる——審判歴38年の橋高がたどり着いた結論だ。

サッカーの審判は大変すぎます

「選手としては20歳そこそこで戦力外になったのに、60歳までプロ野球のグラウンドに立てました。始める時は乗り気ではなかったのに、今となっては〝生まれ変わってもプロ野球の審判をやりたい〟と思うようになりました」

笑いながらそう語る橋高に、「別の競技でやってみたい審判はあるか」と訊ねた。

「逆の答えになってしまいますが、サッカーの審判にはなりたくないですね（苦笑）。何しろ大変すぎます。野球での選手同士の接触はランナーへのタッチプレーとか、捕手がバント処理する時に打者走者にぶつかる走塁妨害や守備妨害くらいです。サッカーのようにあれだけ接触プレーが多いと、ジャッジに困るでしょうね。

サッカーには〝選手がわざと倒れるとダメ〟というルールがありますよね。サッカーファンに怒られてしまうかもしれませんが、そのようなルールがあるというのは選手が信用されていない証拠。そんな目で選手を見ないといけないのかと考えると、僕には無理。昔は野球でも当たってもいないのにデッドボールを主張するシーンがありましたが、今は映像で確認できてしまうので、アピールはほとんどなくなりました」

サッカーやラグビーでは縦横無尽《じゅうおうむじん》に動く多くの選手とボールを見つつ、審判も走りながら笛を吹く。橘髙は「信じられない」と驚く。

「野球では球審はもちろん、塁審も制止した状態で判定するのが基本です。打球や走者を追いかけることはあっても、判定は立ち止まってやります。動きながらのジャッジだとブレが生じます。もちろん選手並みの身体能力も必要でしょうし、トレーニングも大変そうです。とにかく想像がつかないですね」

審判の視点から感じる野球の魅力のひとつは「球場」だと語る。サッカーやラグビー、あるいは相撲や柔道といった格闘技にしても、公式戦であれば競技スペースは基本的に決まっている。

「野球でも塁間やマウンド間の距離などに規定はありますが、外野フェンスまでの距離や形状はすべて違います。マツダスタジアムは形状がいびつだし、ナゴヤドームの外野フライは東京ドームではホームランになる。屋根付きの球場がある一方で、強烈な浜風が吹く甲子園やマリンスタジアムもある。これほど広い競技エリアなのに、ストライクゾーンのわずか数センチの判定を繰り返すというのも不思議で面白いスポーツだと思います」

だからこそ、生まれ変わっても野球の審判をやりたいという心境に達したのだろう。

もっとも、〝現世〟では違うようだ。

「審判をやめてからはのんびりと過ごしています。たまに野球中継にチャンネルを合わせるんですが、誰が審判をしているかを思わず確認してしまう（笑）。若い審判が出ていると〝頑張れ〟とつい応援してしまいますね。

近所でやっている少年野球を眺めると楽しいですが、そこで審判をやろうとは思いませんね。引退して初めてわかりましたが、現役時代は常に気が張りつめていた。解放されてホッとしているのが正直なところです」

第3章

9回ウラ2死満塁、「絶対振ってくれ」と祈る理由

アマチュア野球審判 内海清

内海清（うつみ・きよし）

1962年、兵庫県生まれ。県立尼崎高校で甲子園を目指し、大阪経済大学では主将として関西六大学野球リーグで優勝。卒業後は大阪市信用金庫（軟式＝現大阪シティ信用金庫）で野球を続けた。現役引退後は信用金庫勤務を続けながら、週末を中心に大学野球や高校野球の審判員を年間80試合ほど務めてきた。2019年に阪神尼崎駅前にバーを開業してからは、平日も審判員としてグラウンドに立っている。（本書発売時点で61歳）

「誰のおかげでプレーできたんや？」

プロ野球開幕と同時に「日本一早い阪神タイガースの優勝マジック」を掲げる阪神尼崎駅前の尼崎中央商店街近くで、内海清は2019年にバーを開業した。多くの野球グッズが飾られた店は、野球好きの交流の場となっている。

内海にはバー経営者とは別の顔がある。週末になると高校野球や大学野球の試合で審判員を務めている。自身も県立尼崎高校で甲子園を目指したバリバリの野球経験者だ。大阪経済大学時代は野球部のキャプテンを務め、関西六大学野球リーグで優勝した。

「卒業後も野球を続けるつもりでした。社会人からのオファーはいくつかいただきましたが、どうしてもプロに進みたかった。それで地元の阪神タイガースと阪急ブレーブス（現オリックス・バファローズ）の入団テストを受けたのですが、どちらも不合格でした」

プロを諦めた内海は大阪市信用金庫（現大阪シティ信用金庫）に就職する。野球部は硬式ではなく軟式だったが、「天皇賜杯軟式野球大会」などで日本一に7度輝く強豪で、春先には海外キャンプを行なうほどのレベルだった。内海はここで10年近くプレーした。

「アマチュアの環境としては本当に恵まれていたと思いますが、1994年に31歳で引退して信金の業務に専念することにしました。野球を続けさせてもらった恩返しに仕事を精いっぱい頑張ろうと思っていたところ、同じ職場にいた大学の先輩から『大学野球の審判をやらんか』と声を掛けられたんです」

あまり乗り気はしなかった。「立ってるだけの審判のどこが面白いんですかね」と断わったところ、烈火のごとく怒られた。「お前が現役の頃、誰が審判をしたと思ってるんや。先輩たちがみんなやってくれたおかげでプレーできたんやぞ！」と。

言い返す言葉もなく、内海は渋々ながら審判の講習会に参加する。今に至るアマチュア野球審判生活のスタートだった。

「最初はいい加減な気持ちで講習会に出ていたのですが、それなりの野球経験があったからか、いきなり関西六大学の秋季リーグ戦の三塁塁審に指名されてしまったんです。

こっちは嫌々引き受けたこともあって適当な立ち位置でやっていたので判定ミスばかり。すると観客席から〝コラ塁審、どこ見とるんや〟〝オマエ、野球知ってんのか〟と野次の嵐ですよ。審判を勧めてくれた先輩からも『やるなら一生懸命やれ』と諭されましたし、何よりあの野次は心に刺さりました。反省して〝審判を極めてやろうやないか〟という気になりましたね」

現在、内海は全日本野球協会のアマチュア野球の公認審判員1級の資格を取得しているが、当時は審判員の資格試験はなかった。ボランティアで審判をやってくれる〝希少な人材〟ということで、講習を何度か受ければ現場に駆り出された時代だった。

「仕事がおろそかになるという不安がありましたが、大学野球なら春と秋の年2回のリーグ戦だからなんとか調整をつけられるだろう、と。自分なりに審判の勉強をやりました」

審判員を続けているうち、兵庫県高校野球連盟の関係者から「高校野球の審判員をやらないか」と誘われ、審判員にやり甲斐を感じるようになっていた内海は二つ返事で引き受けた。

「大学野球と比べると高校野球はレベルが落ちるので、少し舐めていたのかもしれません。自分も大学でバリバリやっていたというプライドもありましたし」

その慢心があり得ない誤審を引き起こしてしまう。

高校野球審判になって数試合目。内海が球審を務めたのは夏の甲子園県大会での報徳学園の試合。甲子園常連校で地元の人気チームの登場に球場は超満員だった。

「無死二・三塁の場面で報徳のバッターが振り逃げをしたんです。ところが、私は満塁だと思い込んでいた。（無死もしくは1死で一塁にランナーがいる場合は）振り逃げができないので、バッターアウトを宣告してしまったんです。報徳が大量リードしていた終盤だったので、注意力が散漫になっていたのでしょう」

当然、報徳ベンチからは「満塁ではありません」と抗議を受け、スタンドの報徳ファンからは〝ルール知らないんか！〟と野次が飛び交った。

「穴があったら入りたかったです。翌日からは仕事も手につかないし、本気で審判を辞めたいと思いました。いかに自分が天狗になっていたかを実感しました」

今も内海はその誤審を戒《いまし》めとして胸に刻んでいるという。

正確な判定に加えて「教育的指導」も求められる

1世紀以上の歴史を持つ春夏の甲子園は全国中継され、毎年、多くの人々が声援を送る。日本野球の嚆矢《こうし》である大学野球は、かつてプロ野球以上の人気を誇った時期もある。

だが、アマチュア野球審判の歴史は意外と浅い。

アマチュア野球規則委員会の公認審判員ライセンス制度がスタートしたのは２０１５年。講習を受講して審判の技術と見識を身につけると、各都道府県の審判員組織の認定によって３級審判員の資格を取得できる。３級取得から３年以上の実績を積んでペーパーテストと実技テストを受けて２級に昇格。さらに２級で３年以上の実績を積んで１級への昇級テストに合格すると、大学選手権など全国大会での審判員を務めることができる。

「私が審判となった頃は野球経験や職業をチェックされましたが、資格や試験といったものはありません。ライセンス制度ができた２０１５年、すでに私は大学野球の全国大会で実績を積んでいたので、いきなり１級審判員に認定されました」

日本高等学校野球連盟（高野連）にもアマチュア野球規則委員会の公認審判員ライセンス制度を導入する動きはあるが、現時点ではライセンス取得は義務付けられていない。

高校野球の審判員になるには、まず各都道府県の高校野球連盟に登録する（地域によって細かい違いがある）。公募されることもあるが、基本的に連盟理事や野球部部長の推薦が必要となる。

登録された審判員は、各都道府県の高野連が主催する審判講習会で基本動作やルールを習得し、練習試合で経験を積んでいく。都道府県大会で公式戦デビューとなるが、塁審を任されるまでには登録から1年、球審は2～3年かかるのが一般的だ。

同じアマチュア野球の審判であっても、高校野球と大学野球では異なる面があるという。

「大学野球は審判員が少ないこともあり、ライセンス制度導入前から審判の技術に寛容さがあると感じます。一方、高校野球は毎週のように勉強会が行なわれ、ミニテストもある。成績が悪いと〝もっとルールブックを読んできなさい〟と叱られます。特に甲子園球場がある兵庫県はレベルが高く、甲子園で松坂大輔がノーヒットノーランを達成した決勝戦（98年夏）で球審を務めた岡本良一さんのような先輩から鍛えられました」

そうした環境で切磋琢磨《せっさたくま》し、内海は兵庫県高野連審判部の幹事長にまでなった。

高校野球の審判には他のカテゴリーとは異なる「役割」もある。日本高野連が発行する『高校野球審判の手引き』には、高校野球審判員の要件として〈優秀な審判技術の持ち主であると同時に、高校野球らしさを正しく教える指導者でなければなりません〉と記されている。

甲子園で開かれた審判員の講習会（1997年の第70回選抜大会前）

「高校野球は競技スポーツであると同時に、教育の場なんです。高校野球の審判員には試合の審判をしながら、高校球児が高校生らしくスポーツマンシップに則ってプレーしているかを監督する役割もあるのです」

　大学野球の監督には審判への抗議が認められているが、高校野球では抗議するために監督がベンチから出ることができない。

「教育の現場で大人（監督）がでしゃばるのではなく、子供たち（選手）に任せるという考え方です。監督がキャプテンに抗議意図を説明し、キャプテンがそれを理解したうえで、自分の言葉で審判員に質問する。そして審判員が判定の見解をキャプテンに伝え、それをベンチに戻って監督に説明する。その伝達ができるかどうかが問われるのも、高校野球らしさだと思います」

高野連のホームページに掲載されている「高校野球みんなの手引き」では、審判について〈単にアウト・セーフ、ボール・ストライクの判定をするだけではありません。正確なジャッジと、選手を励ましつつ適正な行動を促して、きびきびとした清々しい試合運びを高校生とともに作り出すことを心がけています。控え選手が代打や代走で出場してきた時も、適宜間をとって、スコアボードに選手名が表示されるよう配慮する場合もあります〉とある。また、各都道府県高野連の審判員募集要項には〈高校野球も審判員は選手の教育的指導が重要な役割です。ですから、審判員としては常識ある社会人であることが絶対条件となります〉と記されている。

判定ひとつで球児の人生が変わってしまう

ライセンスが必要ないといっても、高校野球の審判には特有のプレッシャーがある。

「審判を始めて2~3年は楽しく感じるものかもしれません。教育の場であるということもあって、高校球児たちは審判員を〝先生〟のように敬意を持って接してくれます。すると7割か8割は天狗になってしまう。でも、だいたいそれくらいの頃に、大きな大会で落とし穴が待っているのです」

夏の甲子園に繋がる都道府県大会の場合、1、2回戦なら観客の大半は出場校の関係者だが、ベスト8にもなると大観衆がスタンドを埋める。

「審判員も人間ですから、球児と同じように緊張する。大勢の観客を前にすると信じられないような凡ミスをしてしまうのです」

高校野球の場合、そうした誤審の重みの〝性質〟がプロ野球や大学野球とは異なる。負ければ終わりのトーナメント戦のため、極端にいえばストライク・ボールの判定一つで選手の野球人生が左右されることさえあるからだ。

「県大会でのベスト4進出以上がセレクションを受ける条件とする大学もあるようです。どんなに実力のある選手でも、審判のミスジャッジで進学できなくなることもあるわけです。一方で、甲子園という大舞台に進出したことで、無名の選手がプロのスカウトの目に留まることだってあります。自分の判定がそうした球児たちの人生を変えてしまうかもしれない——常にそう思うようにしています」

スタンドに詰めかける保護者やOBたちは、選手以上に過敏に反応する。球児が判定に不服そうな態度を示すようなシーンは滅多にないが、微妙なジャッジに対するスタンドからの野次はかなり激しい。激戦区の準決勝や決勝であれば、ミスジャッジによって勝負が決まろうものなら暴動が起こりかねない。

実際、高校野球ファンのインターネット掲示板には、〈○○審判のせいで負けた〉〈選手の将来を潰した××球審〉などといった激烈な批判の書き込みが少なくない。公式戦の大半をリーグ戦が占めるプロ野球や大学野球では、ここまでの批判は起こらないだろう。

そうしたプレッシャーの中でジャッジする審判員。とりわけ苦しい場面を訊ねると、内海は「1対0の9回ウラ。2死満塁、フルカウント」と答える。

「打者に〝ヒットでもいいしアウトでもいい。空振りでもいい。絶対にバットを振ってくれよ〟と祈る気持ちで構えます。ストライクにもボールにも判定できる際どいコースを見送られたら、私がどちらかをコールしなければならない。そしてどちらかのチームの選手と観客から恨まれてしまう。〝それだけは勘弁してくれ〟という気持ちです」

内海は「審判は黒子に徹しないといけない」と語る。

「審判が注目を集めるのはジャッジを間違えた時です。プロ野球でも〝素晴らしいゲームは、審判がいたのかどうかわからない〟と言われるそうです。私もそれが理想だと考えています。それは県大会の1回戦でも、決勝戦でも同じ。そういう覚悟で臨んでいます」

炎天下で立ちっぱなしのボランティア

アマチュア野球の審判員は、野球が好きでないとやっていけない〝仕事〟であることは間違いない。

高校野球の審判員はボランティアで、数千円程度の日当が支給されるが、球審も塁審も同額だ。それとは別に交通費が支払われ、弁当も支給される。

高校野球の審判員は左胸に「F」マークが入ったシャツとズボンを着用する。各都道府県によってやや違いはあるようだが、基本的に市販品（高校野球用）を購入し、クリーニング代も自費。ちなみに「F」の意味は連盟（Federation）、闘志（Fight）、友情（Friendship）、正々堂々（Fair play）の4つのFだという。シャツとズボンが貸与されることもあるが、審判員を辞める際に返却する義務があり、アンパイアマスクやプロテクターといった審判用具は自前で準備しなければならない。

春夏の甲子園大会の審判は、日本高野連から各都道府県の高校野球連盟にオファーがあり、各連盟が優秀な審判員を推薦する。甲子園出場校と同様に〝都道府県代表の審判員〟であるが、それでもボランティアである。

「私も兵庫県高野連から〝甲子園の審判をやってくれないか〟と打診されたことがありましたが、当時は信金の支店長をやっていたので、2週間近くの休みは取れませんでした。もちろん甲子園大会の審判を務めるのはアマチュア審判にとっては最高の名誉だと思いますが、日当などは県大会と同じ扱いです」

当然、審判員で生計を立てることはできない。

「全員が何かの仕事を持っています。審判になって5年目ぐらいが一番脂の乗っていた頃だと思いますが、当時は平日の夜遅くまで仕事、土曜に大学野球の審判、日曜は高校野球の審判として球場へ行く。それが毎週のように続きました。家族は放ったらかしでしたね（苦笑）」

高校野球は練習試合が3月に始まり、主要大会は11月まで続く。週末に時間ができるの

関西六大学リーグで審判副部長を務める内海は「自分を育ててくれた野球への恩返し」と語る

は12月から2月だけだったという。

夏の地方大会が始まると土日だけでなく平日にも試合が組まれるので、普段は会社員をしている審判員は参加が難しい。仕事を調整しやすい自営業者や、夏休みで授業がない高校の教職員などが集中的に担当することになる。内海は信金を退職してバーを営むようになってから、平日も都合をつけて審判員を務めている。

「最高で年間120試合ぐらい務めたこともありますが、今は控えの審判員（5人目の審判）を含めて80試合くらいで、球審・塁審としてグラウンドに立つのは60試合ぐらい。控え審判にも役割があります。試合中に審判員の動きなどをメモして、試合後に行なわれる反省会での参考資料にします」

リーグ戦が主体の大学野球は開幕前にほぼ全試合の日程が組まれるので、事前にどの球場で、どの試合の球審や塁審をやるかも知らされる。だが、高校野球はトーナメント制のため試合の3日前に審判員が決定する。すぐに仕事を休めない審判員もいるため、内海のような〝自営業者審判員〟が突然駆り出されるケースもあるという。

「夏の県大会は、想像以上に過酷です。選手たちは攻撃時にベンチで休めますし、近年はベンチでの熱中症対策も進んでいますが、審判は炎天下のグラウンドに立ちっぱなしです。イニング間に水分補給しますが、基本的にトイレ休憩は5回ウラのグラウンド整備時間中の一度だけ。そのため塁審を1日2試合やることがあっても、球審は1日1試合が限界。炎天下で球審をやると神経をすり減らし、体力を使い果たしてクタクタです。バーのお客さんに〝一番近くで試合を見られていいよねぇ〟なんて軽口を叩かれますが、〝あんたも審判員をやってみたら大変さがわかるよ〟と言ってやると黙りますね（苦笑）」

高校野球にビデオ判定は必要か

メジャーリーグや日本のプロ野球ではビデオ判定が定着して久しいが、高校野球や大学野球には現在も導入されていない。当然、映像検証を求めるリクエスト制度もない。

日本高野連の寶馨《たからかおる》会長は23年12月の理事会後の記者会見で、「ビデオ判定の議論をしているが、審判委員の間で賛否は半々くらい」と明らかにした。〝教育の一環である高校野球でそこまでする必要はない〟という意見の一方で、〝誤審によって野球人生が変わってしまうことがあってはならない〟という主張もある。さらにはミスジャッジの映像がインターネットで拡散され、判定を下した審判の個人批判に繋がっていることへの対応も求められているようだ。

ただし導入には物理的なハードルがある。球場のさまざまな角度からカメラで撮影しないと映像判定はできない。すべての地方球場にカメラを設置することは資金的に難しいし、映像を撮影するスタッフも必要になる。

甲子園大会ではＮＨＫの中継映像を使えば実施可能といわれるが、甲子園のみとするのか、地方大会でも導入するのか、あるいはすべての試合で導入しないのか……議論は分かれている。内海はどのように考えているのだろうか。

「県大会の1回戦でも甲子園の決勝でも、出場している高校球児たちにとって重みは同じです。プロ野球の1軍と2軍は明らかに違いますが（2軍にはリクエスト制度なし）、高校野球の平等性を考えれば当然のことです。県大会の1回戦から導入するならいいと思いますが、甲子園大会だけにビデオ判定を導入するという考え方には賛成できません」

一方で、「プロ野球で判定が覆ったりしているのを見ると、カメラは正直だと思う」とも漏らす。人間が判定する以上、ミスジャッジはある。内海も「いつもボールと判定しているコースをストライクとコールしてしまったことはある。それは厳密にいえば誤審ということになるでしょう」と認める。

「仮にストライクと判定しても、球児たちは不服そうな態度を見せません。だからこそ苦しい気持ちにもなります。

ただ、下手な審判はその後にストライクをボールと判定して先ほどの〝穴埋め〟をしてしまうことがあるんです。そうなると自分の決めたストライクゾーンがブレブレになってしまいます。その試合ではそのコースは最後までストライクで貫くことが大事です」

リプレー検証がないアマチュア野球では、審判団が自らミスを認めるようにする動きが進んでいるという。明らかにアウト・セーフを間違えた、打球がワンバウンドしたのにアウトを宣告したというようなケースでは、審判員が集まって審議する。

「以前は仲間の審判員の判定を擁護・尊重する立場を取ることが当たり前の雰囲気でしたが、今は正確な判定に修正する方向で協議しています。誤審があってはならないのは当然ですが、誤審を改める姿勢も重要だと思います」

内海は「アマチュア野球の審判だからこそ、選手や監督からリスペクトされないといけない」とも語る。際どい判定でも〝あの審判がアウトと判断したならアウトだろう〟と思われるようにならないといけないのだという。

「そうなるまでには時間がかかります。高校野球の場合は、監督や部長が選手たちに審判をリスペクトするように指導しているからか、怪訝《けげん》そうな顔を見せられた経験はありませんが、大学野球ではすぐに監督がベンチから出てきて抗議されていました。それでも信頼を積み重ねていくうちに、ほとんど抗議は受けなくなりましたね。

〝あの審判はいつも公平で、ルールに厳格だ〟と思ってもらえることが大事だと思っています。たとえば道路を横断する時には横断歩道を使い、青信号で渡る。誰が見ているというわけではありませんが、そんなことを意識して生活していますよ」

内海は高校、大学、社会人で野球を続け、31歳で審判員になった。信金に勤める傍ら、週末にグラウンドに立ち、審判員として30年のキャリアがある。

61歳の内海は今も週末を中心にグラウンドに立つ。高校野球は各連盟ごとに審判員の定年が設けられているが、大学野球の審判員には明確な定年がないので、「少なくとも65歳ぐらいまではグラウンドに立ちたいし、何らかの形で70歳まで携わりたい」と語る。実際、大阪府高野連には70代半ばとなっても、高校野球の練習試合で真夏の炎天下に立ち続けている審判員もいる。

ただ、「生まれ変わってもアマチュア野球の審判員をやりたいか」と訊くと、「やりませんよ」と即答した。

「他の競技の審判も嫌です。私は生まれ変わっても野球をやって、今度こそプロ野球選手を目指したいですね。まぁ……、それでもプロになれなければ〝嫌々ながら〟審判員になっているような気もしますけどね（笑）」

第4章

「柔道」と「JUDO」の狭間に立つ苦悩

柔道審判員　正木照夫

正木照夫（まさき・てるお）

1947年、兵庫県生まれ。拓殖大学柔道部出身。1969年全日本学生柔道選手権無差別級で優勝。全日本選手権に10度出場し、最高成績は8強。寝技強化のために取り組んだレスリングでは1968年の全日本学生で優勝し、翌年に全日本選手権チャンピオンとなる。卒業後は和歌山県の高校教諭に。現役引退後は全柔連の審判員となり、国際審判員として世界大会も担当した。全柔連の総務副委員長などを歴任し、現在は正木道場の館長。（本書発売時点で76歳）

シドニー五輪「世紀の誤審」の背景

日本古来の柔術をベースに誕生した柔道は、いまや「JUDO」として世界200以上の国・地域に競技登録者がいる国際メジャースポーツとなった。

柔道が世界に広く知られるようになったきっかけは、1964年の東京五輪で正式競技に採用されたことにある。当時は27カ国・地域からの参加だったが、2度目の東京五輪（2021年）では128カ国・地域に拡大した。

発展に寄与したのが「ルール変更」だ。1968年のメキシコ五輪で「世界的に普及していない」という理由で柔道は正式競技から除外され、復活のためには「全世界で通用するルール」を整える必要があった。その取り組みによってヨーロッパでの競技者が増え、1972年のミュンヘン五輪で正式競技に復帰した。

だが、世界に「JUDO」が広がっていく一方で、皮肉にも問題が浮き彫りになる。国際審判員として福岡国際女子柔道選手権や国内最高峰の全日本柔道選手権で主審を務めてきた正木照夫は、「柔道の国際化によって誤審が急増した」と指摘する。

1947年生まれの正木は、拓殖大学時代の1969年に全日本学生柔道選手権無差別級で優勝。大学卒業後に和歌山県の高校教諭となってからも全日本選手権に10度出場し、出場選手最年長の32歳で出場した1979年の全日本選手権では、大会3連覇を狙う22歳の山下泰裕と熱戦を繰り広げた。

1984年には競技実績を評価されて全日本柔道連盟の審判員となる。1996年に「正木道場」を興す一方で、55歳まで全国教員柔道大会に出場。選手、指導者、審判員の〝三刀流〟を長く続け、「柔道界の鉄人」と呼ばれた。

「審判員は基本的に元トップ選手が務めます。しかし国際試合となると出場選手とは別の国の審判が務める必要がある。そのため世界各国から審判員が大会に派遣されるが、柔道のレベルが高くない国では、選手として世界レベルで戦った経験がある審判員はほとんどいない。高度な駆け引きに目が慣れていないため、シドニー五輪での〝世紀の誤審〟のようなことが起きてしまうのです」

2000年9月22日、シドニー五輪100キロ超級の決勝戦。日本代表の篠原信一の対戦相手は、世界選手権覇者で96年アトランタ五輪王者のダビド・ドゥイエ（フランス）だった。

1分半が過ぎたあたりで篠原はドゥイエの内股に反応し、右脚を高く突き上げて内股すかしで切り返す。ドゥイエは背中から、篠原は横から落ちた。篠原は一本勝ちを確信したが、判定は有効。しかも篠原ではなく、ドゥイエのポイントとなった。

最も近くにいた副審は篠原の一本勝ちを宣告したが、主審ともうひとりの副審がドゥイエの有効と判定。そのポイントのまま試合は終了し、篠原は銀メダルに終わった。

シドニー五輪決勝の判定は〝世紀の誤審〟と呼ばれた（肩を落とす篠原と喜ぶドゥイエ）

試合後、日本は山下泰裕監督と斉藤仁コーチが猛抗議したが認められなかった。後に全日本柔道連盟（全柔連）が抗議文を送り、国際柔道連盟（ＩＪＦ）は「両者とも技は完全ではなかった」として、ドゥイエ有効の判定を誤審と認めた。

篠原の勝利に覆ることはなかったが、こ

れがビデオ判定導入のきっかけとなった。

「柔道は相撲と同じように選手が同体で倒れることが多い。相撲は先に落ちたとか、先に土俵を割ったという明確な判定基準があるが、柔道の場合は〝どちらの体が死んでいるか〟が重要で、判定の難しさでもある。百戦錬磨の選手でないと、〝相手に投げられたか、技を返したのか〟という違いがわからない。

シドニー五輪決勝の審判を責めるつもりはありません。主審は篠原やドゥイエの技のレベルを体験したことがなかったからです。あえて言うなら、なぜ彼を決勝の審判員にしてしまったのか、ということでしょう」

主審を担当したのはニュージーランド出身の柔道家で、実力は「二段」だったといわれる。

講道館ルールとＩＪＦルールの相克

柔道は「ルール変更」によって国際化が進んでいったが、ルールに則って判定する審判は度重なる変更に翻弄《ほんろう》されてきたともいえる。

日本の柔道は総本山の講道館が規定する「講道館ルール（講道館柔道試合審判規定）」で行なわれてきた。世界大会でも第1回世界柔道選手権（1956年）と東京五輪（1964年）では「講道館ルール」が採用され、第4回世界柔道選手権（1965年）までこのスタイルだった。

だが、柔道の国際化を目指して1967年に国際柔道連盟が「IJFルール（国際柔道連盟試合審判規定）」を制定し、それ以降の世界大会で採用されるようになった。日本でも高校生以上の大会は基本的に「IJFルール」になったが、体重無差別で柔道日本一を決める全柔連主催の全日本選手権や全日本女子選手権は、引き続き「講道館ルール」で行なわれた。2つのルールを使い分けるという歪《いびつ》な構造だが、それには「有効」や「効果」といったポイント制の側面が強い国際ルールに対して、全柔連には「一本勝ち」を重視する〝柔道の母国としてのプライド〟があったともいわれる。

「日本は『一本勝ち』こそ柔道の王道だとするが、世界は細かいポイントを積み重ねて勝つ『JUDO』を目指してルール変更を繰り返してきた。そのため〝美しい技〟にこだわる日本勢は国際大会で苦戦を強いられた時代が続いた」

それでも全柔連は頑《かたく》なだった。正木は審判委員会で「柔道は日本発祥だが、世界的スポーツになるためには『ＩＪＦルール』を取り入れるべきだ」と発言して反感を買ったことがあるという。

「〝世界がルールを変える前に、日本が先に改革すべきだ〟と言ったこともあります。日本の柔道界は石頭ですから、黒船が来て初めて目が覚める。私はレスリング経験もあったので、そういう発想になれたのかもしれません」

そんな全柔連が、２０１１年に主催の大会から「ＩＪＦルール」を導入することを決めた。きっかけはその前年に国際柔道連盟が発表した、「組み合わずに対戦相手の脚をいきなり手で取る技」を反則負けとするルールへの変更だった。欧米のレスリング出身選手が得意としていた「朽木倒《くちきたおし》」「双手刈《もろてがり》」といったタックルに近い技を禁止し、「組み合って戦う」という柔道の根幹に関わるルール改正が行なわれたからだ。

「講道館ルールも順次変更すればいいという提案もあったが、すでに全日本選抜柔道体重別選手権などの大会では『ＩＪＦルール』が導入されていたこともあり、２つのルールがあると（移行期間に）現場が混乱するという懸念が上回った。しっかり組んで技を出し合うスタイルに戻ろうという意図が日本の求める柔道と合致したこともあり、ついに全柔連主催の大会でも『ＩＪＦルール』の導入を決めた」

このルール改正については、五輪の伝統競技であるレスリングとの差別化を図りつつ正式競技として存続させようとする、国際柔道連盟の狙いがあったといわれる。

その後も国際柔道連盟では五輪開催に合わせてルール変更を繰り返してきた。北京五輪後に〝効果〟を廃止していたが、〝有効〟も廃止して〝一本〟と〝技あり〟に限定し、〝技あり〟２つで〝合わせて１本〟を復活させた。試合を４分間に短縮し、勝負がつかなければ時間無制限の延長戦突入。さらに旗判定廃止といった変更も行なわれた。

そのように国際化とともに「ＩＪＦルール」が定着する中、全柔連は「講道館ルール」に回帰するかのように、２０２４年の全日本選手権から「旗判定の復活」「試合時間５分に延長（決勝は８分）」などのルールに変更し、試合時間内で必ず決着をつけることにした。つまり、再び国内で２つのルールが共存する構造だ。

正木はこう説明する。

「国際大会の過密日程などでトップ選手が全日本選手権を回避するケースが増えた。そこで国際ルールから離れ、世界的に珍しい〝体重無差別の大会〟を魅力あるものにする狙いがあるようだ。近年は世界的にも頻繁なルール改正が行なわれている。大会によってルールが違うのも柔道ぐらいでしょう。その是非はさておき、審判員も柔道家もルールへの対応力が求められているといえる」

レスリングでも五輪代表候補に

正木が柔道を始めたのは、神港学園高校（兵庫）入学と同時だった。小中学校時代には野球少年だったが、個人競技に興味を覚えて柔道を始めた。卒業後は史上最強の柔道家と称された木村政彦（全日本選手権を13年間保持した柔道家。後にプロレスに転身）が監督を務めていた拓殖大学に進み、同期の西村昌樹《にしむらもとき》（ミュンヘン五輪重量級銅メダリスト）らと猛稽古に励んだ。

驚くことに、大学時代には別の競技でもトップクラスに上り詰めた。

正木は内股をはじめとする投げ技を得意としていたが、寝技は苦手だった。それを見た木村監督から「寝技が下手では世界で通用しない。レスリング部で勉強してこい」と命じ

拓殖大学在学中の正木（投げられ役。稽古をつけているのは木村政彦監督）。正木はレスリングとの〝二刀流〟でいずれも日本代表候補に

られ、大学2年からはレスリング部と柔道部を掛け持ちした。

するとと未経験ながらレスリング技術もめきめき上達。1年後には全日本学生レスリング選手権のフリースタイル（ライトヘビー級）で優勝。その半年後には全日本レスリング選手権のフリースタイル（同級）でも優勝してしまったのだ。

「レスリング部の部長から〝せっかく強くなったのだから全日本に出てみないか〟と誘われ、出たら優勝ですよ。なぜか柔道ではなく、レスリングで五輪代表候補になってしまったのです（苦笑）」

「柔道着を着たレスラー」と注目され、本

格的にレスリング転向を勧められた。

「柔道場の上の階にレスリング場があって、柔道の稽古を終えたらレスリングの練習ですからね。とにかく体力がついた。レスリングの動作は早く、とにかく動き続けないと勝てない。柔道の寝技に自信がついただけでなく、スピードや持久力も鍛えられました」

柔道では大学4年時（1969年）の全日本柔道学生選手権無差別級で優勝。卒業後は木村監督の勧めもあり、和歌山国体の選手強化のために県立和歌山北高校に社会科教諭として赴任。同校の柔道部監督を務めながら、全日本選手権出場を続けた。

1972年のミュンヘン五輪では柔道とレスリングで最終候補選手に残ったが、正木は柔道を選んだ。

「尊敬する方々から、〝レスリングを選べば柔道から逃げたのかと思われる〟と言われてレスリングでの五輪出場は諦めました。『二刀流』がもてはやされる今の時代なら、両方で五輪を狙っていたかもしれません」

残念ながら柔道での五輪出場はかなわなかったが、全日本選手権には1971年から10年連続で出場。そして1984年に37歳で全日本柔道連盟の審判員となった。

ちなみに全日本柔道連盟の「公認審判員制度」がスタートしたのは1990年4月。それまでは審判員になるための試験はなく、現役引退した選手に全柔連から「(全日本選手権や国体の)審判員に選ばれました」と連絡があるのが慣例だった。

「柔道の最高峰である全日本選手権で戦ってきた選手の多くは、引退するとそういう舞台で審判をやりたいと思うようになる。私も審判員をすることが柔道界への恩返しだと思っていたし、声が掛かることを期待していました」

審判員を打診されることは、現役時代に実績を残したという証でもあった。この名誉は何物にも代えられないという。

「私は35歳で全日本選手権を引退し、その2年後に当時最年少の37歳で全日本選手権の審判員に選ばれました。和歌山県からは初の審判員で、拓大でもOB第1号でしたから、そりゃ嬉しかったです。今は全日本選手権で審判を務めてもさほど尊敬されないけれど、当時はそんな時代でした」

審判員にも「声援」が飛ぶ

37歳での全日本選手権が審判員としての初舞台だったが、正木に不安はまったくなかったという。

「長くトップレベルで競技した者は、誰でも審判員としての能力を持っていると思います。微妙な差で勝った、負けたを何度も肌で経験してきたから、技を掛けられたのか、掛けられた技を返したのか、選手の動きを見ればわかります。

全日本選手権に出場しているのは五輪を目指す一流選手ばかり。力が拮抗《きっこう》していると、組んだ瞬間に双方の動きがわかる。攻めている、逃げようとしているというのはもちろん、偽装的なごまかしの攻めだということも見抜けます」

当時の全日本選手権の審判員の基準は6段以上（現在は3段以上）。全国から選ばれた15人の審判員は技量的には問題がなかった。だが、事前の講習での審判委員長の言葉には背筋が伸びたという。

「〝反則技はこうです〟〝偽装的な攻めを見抜きなさい〟〝両方が攻めなければ指導しなさ

い〟などの説明があり、最後に〝審判がリーダーシップをとらないと試合が死ぬ。そのためにも姿勢、声、ジェスチャーで毅然とした態度を示すように。全日本選手権の審判員がすべての手本だ〟と。この言葉はとても重かった」

当時、全日本選手権では15人の審判員が3人1組となり、主審と副審（2人）を務めた。主審と副審はローテーションで入れ替わる。

「副審は少し余裕があるので、主審の動作を見ながら〝この判断は参考になる〟とか、〝もっと声を大きく出さないとダメだ〟とか考えたりもします。でも、主審の時はまったく余裕がなかったですね。主審はピンマイクをつけますが、自分の心臓の鼓動が会場に聞こえているんじゃないかと思うほど緊張しました」

当時の全日本選手権は日本武道館が満員となり、ダフ屋が出るほどの人気だった。

現役時代にトップクラスだった審判員への注目度も高く、テレビ中継でも審判員の経歴が紹介され、会場からは審判員にも声援が飛んだ。それだけに審判員には「威厳」が求められた。講習で審判委員長が正木らに伝えた「すべての手本だ」という叱咤激励は、決して大げさではなかった。

試合後に記者から質問を受けた正木は、「10年間、全日本選手権に選手として出場させていただきましたが、その時とは比べられないほど緊張した」と語っている。

過去には緊張のあまりトイレに駆け込んだとか、「待て」の合図で声が出なかったという審判もいたという。「手本」とはほど遠い不甲斐ない審判ぶりであれば、二度と声がかからなくなる。「自分には無理です」と辞退する者も少なくないという。そんな中、正木はミスなく初の全日本選手権の審判員を終えた。

「先輩連中から〝お前は本当に堂々としていたな〟と驚かれましたが、実は堂々と見せていただけ。おどおどすると、選手や観客に〝この審判で大丈夫か〟と思われてしまう。

それから20年間にわたって全日本選手権の審判員を務めましたが、試合前はいつも緊張します。落ち着かせる秘訣は〝自分が日本一の審判だ〟と言い聞かせることでした。どんな大舞台でも武道館中に響く大声を出し、胸を張ってさばく。おどおどしていると判定を失敗する、つまり試合を壊してしまう。それが今も変わらない私の考えです」

戦後唯一の天覧試合で主審を務める

1999年4月、正木は全日本選手権で初めて決勝の主審を務めた。何とそれは戦後初の天覧試合だった（その後も天覧試合はなく、戦後唯一の大会である）。

全日本選手権では1回戦から準々決勝までは前日に割り振りがあり、3人1組でローテーションしながら主審と副審を務める。準決勝と決勝の3試合だけは当日に審判委員長と副委員長の話し合いで3人の審判員を決めるのが慣例だった。

「準決勝と決勝に陛下がご臨席されるということで、会議は長引きました。戦前に行なわれた御前試合では、木村政彦先生が優勝して陛下から太刀を賜ったと聞いたことがあっただけに、選ばれれば大変な栄誉だと感じていました」

ようやく会議が終わり、決勝戦の審判員の発表があった。審判委員長から、まず2人の副審が指名された。

「2人とも私の先輩だったので〝自分はないな〟と思った瞬間、『主審・正木照夫八段』と呼ばれたんです。私だけでなく、そこにいた審判員全員が驚きの顔ですよ。ネクタイを締め直して『仰せつかってありがとうございます。光栄です』と頭を深く下げると、審判委員長から『失敗するなよ』と一声ありました」

この年の決勝カードは篠原信一と棟田康幸（警視庁）。決勝戦が始まる前、宮内庁の職員から「（試合中も）主審はできるだけお尻を陛下に見せないようにしてください」と注意されたという。

「お尻を見せないように……それは難しいな、と思いながら決勝の畳に上がったのを覚えています。私は両選手の間に立って、正面に陛下が見えるような位置を意識しました。反対側に回り込んだほうが見やすい場面もあったのですが、とにかくお尻を見せないように無我夢中でした。それでも篠原に技ありの判定もしっかりできたし、大きな声も出せた。なんとか無事終えることができました」

篠原に勝ちの宣告をした後、15人の審判員が畳の上に集まり、天皇陛下を仰ぎ見ながら頭をゆっくり下げた。

「両サイドの先輩を肘でつついてタイミングを合わせながらお辞儀しました。3秒後に頭を上げると、陛下がこちらを見ながら手を叩いてくださいました。安堵しただけでなく、本当に心の底から嬉しさがこみ上げました。一生の思い出ですね」

正木は全日本選手権の審判員を20年間務めたが、決勝での主審はこの一度だけだ。

「公認審判員制度」の光と陰

1990年に公認審判員制度を作ったのは、1964年東京五輪無差別級銀メダリストの神永昭夫《かみながあきお》である。全日本選手権を3度制し、猪熊功《いのくまいさお》（同東京五輪80kg超級金メダリスト）とともに「神猪時代」を築いた大柔道家だ。

引退後に全日本柔道連盟の初代専務理事に就任した神永は、講習会を開き、受講を終えた者に審判員ライセンスを与えた。

それまで審判員は「試合に出る選手より段位が上であること」が条件とされ、七段や八段といった高段者が務めていた。「審判の威厳」を重要視するためだが、高段者には年配の柔道家が多く、動体視力の衰えた審判の判定に誤審が頻発した。

「今でも年に一度開催される全国高段者大会だけは、六段の試合は七段以上、七段の試合は八段以上でないと審判員はできません。試合している方も、それをさばいている方もヨレヨレですね（苦笑）」

伝統やしきたりが重んじられる高段者大会ならではの光景であるが、競技では誤審が許されない。1990年に公認審判員制度がスタートしたのにはそうした背景があった。

全日本柔道連盟が公認する柔道審判員には、全国大会の審判ができるSライセンスとAライセンス、地区大会の審判ができるBライセンス、都道府県大会の審判ができるCライセンスの4段階の資格がある。

公認審判員制度がスタートして約30年が過ぎた時点（2019年）で、S審査員は26人、A審判員は1446人、B審判員は3723人、C審判員は1万1304人。制度自体は定着し、競技としての柔道の普及に貢献したのは間違いないだろう。

しかし正木は、「特に男子の審判員には世界レベルで戦った経験のある者がほとんどいない」と指摘する。それには理由があるという。

「現役時代に実績を残した者ほど、講習会から始まるライセンス制を敬遠する傾向がある。選手としての実績がある者にしてみればCライセンスから始まって、一定の年数をかけてB、A、Sと上がっていく仕組みに抵抗があるのでしょう。

近年の全日本選手権では審判員のうち全日本選手権の出場経験者は1人か2人。多くは地道にライセンスを取得してきた者で、講習で学んだ〝知識〟をベースに判定を下している。それを一概に否定するつもりはないが、全日本選手権にもなると〝強い選手でないとわからない駆け引き〟も多くなり、机上の論理だけでは判断が難しい」

選手と審判員の関係性にも影響するという。

「かつては神永昭夫さん、猪熊功さんといった方々が審判として畳に上がると、選手の背筋がピンと伸びました。全日本選手権では、そうしたレジェンド審判員を見るために観戦するお客さんもいました。それほど選手からも観客からもリスペクトされていたのです。

今は選手からすると〝顔も名前も知らない審判〟となる。言葉は悪いが、選手たちは〝あなた（審判）に、私たちの技量がわかるのか？〟と見下してさえいるように感じます」

国際試合では「言語と国籍の壁」がある

五輪や世界選手権をはじめとする国際試合で審判を務めるには、全柔連のライセンスとは別に「国際審判員」の資格が必要となる。

正木が国際審判員となったのは1990年、43歳の時。全柔連からの推薦で国際ライセンスの試験を受験することになった。国ごとにレベルは違うとはいえ、すでに自国で一定のキャリアを積んだ者だけが集まるため、座学のようなものはなく、いきなり実際の試合会場、それもシンガポールで開催されていた国際大会が試験の舞台だった。

受験者は10日間にわたって審判を務め、審査官が点数をつける。これでまず30人の受験者が約半数に絞られた。

「残った者は英語の講習を受けました。といってもやはりペーパーテストでなく、柔道着を着ての実技です。まずは受験者の目の前で（地元の）シンガポール選手の技を見て、〝この技は何ですか？〟と質問される。私が〝背負い投げです〟と答えると〝ＯＫ〟となるわけです。

見るだけではありません。〝ミスター・マサキ、ウチマタをやってください〟と指名されるのです。私の得意技なのでスパッと決めてみせると、周りから〝オー、ワンダフル！〟の声が上がる（笑）。八段の私にこんなバカげた試験はないとも思いましたが、それでも指定された技がわからなかった者もいて、合格したのは10人ほどでした」

国際審判員といっても、競技用語は「一本」「技あり」「待て」といった日本語の単語だけなので、「語学力は不要だった」と語る。試合中に選手に指示をする際に英語を使うこともわずかにあるが、正木は片言の英語で20年間にわたって国際審判員を務めた。

正木が主審を務めた国際大会で、判定をめぐって意見が分かれたことがある。一方の選手が関節技で対戦相手に体を預けたため、「危険な技」として正木は試合を止めた。すると副審の一人が手を挙げたのだ。

「副審の一人はフランス人、もう一人はアメリカ人だったと記憶しています。3人で〝危険な技にあたるかどうか〟で意見を交わしたのですが、2人とも母国語で話すので私の判定に賛成なのか反対なのかわからない（苦笑）。反則技の判断はとりわけ微妙なので、通訳を介せないのは大変でした。

試合は生中継されていたこともあって、私も戸惑う姿を見せられません。そこで副審を制したうえで、覚悟を決めて自信を持って反則負けを宣告しました。幸いにも両副審ともに納得した表情で頷《うなず》いてくれました」

言葉の壁だけではなく、「国籍の壁」をめぐる騒動も体験した。

1995年の福岡国際女子柔道選手権48kg級の決勝、田村亮子（現在は谷亮子）とサボン（キューバ）のカードで正木は主審を務めた。

「大会名は〝福岡国際〟ですが主催は全柔連だったため、審判員はほぼ全員日本人で、決勝の副審2人も日本人でした。ところがキューバ陣営から〝日本人選手が出場する試合なのに、なぜ主審が日本人なのか〟と抗議を受けたのです。〝五輪や世界選手権ではないので外国人の審判員を招くことが難しく、日本人の審判をローテーションから外せば審判員の数が足りない〟と説明し、了解されました」

だが、こうした指摘を踏まえて「試合に出場する選手と同じ国籍の審判は避けよう」ということになり、五輪では選手と同地域の審判まで外すようになった（アジア人選手の試合はアジア人審判にならない）。

「選手や観客に〝自国選手を有利にしている〟という誤解を招かないためにやむ得ない措置だと思いますが、皮肉にもシドニー五輪の〝世紀の誤審〟のようなことを引き起こす原因にもなっている。特に男子の国際試合の審判員には、日本人に限らず〝元トップ選手〟が少ない現実があります。一方、女子の国際審判員は五輪のメダリストが多く、審判としての技術も高い。本来は男子の審判もそうあるべきだと思います」

そうした事情も影響しているのだろうか、近年は女性審判が男子の試合の審判員を務めることも増えている。2021年の東京五輪では、個人種目の大トリとなった男子100kg超級決勝の主審を天野安喜子《あまのあきこ》（国際柔道連盟審判員、東京五輪では唯一の日本人審判）が担当した。だが、正木は否定的な見解を持つ。

「どんなに優秀でも女性審判が男子の試合を担当するのは反対です。審判の人員の兼ね合いもあるとはいえ、その逆（男性審判が女子の試合を担当）も賛成できない。男子選手と女子選手では力も動きも違う。男子は男子の試合、女子は女子の試合の審判をやったほうがいいと考えています」

伝説の「山下－斉藤戦」の判定

30年以上にわたる審判員人生で、正木は「誤審は一度もなかった」と胸を張る。その自信もまた、長くトップ選手として現役時代を過ごした経歴に裏打ちされているという。

「選手だった頃、私も〝この審判は危ない〟というのはわかりました。そうした評判の審判員に当たると、〝誤審されようがない、完璧な技で勝たなければ〟と考えたものです。

いざ自分が審判員になると、選手からそんな目で見られていないかと心配になりましたが、選手や観客から〝正木先生なら安心だ〟という視線を感じ、これまで（トップ選手として）やってきたことを誇りに思いました」

国内最高峰の選手と審判員が集まる全日本選手権でも、「誤審だったのではないか」と語り継がれる一戦がある。1985年、神永昭夫が主審を務めた山下泰裕と斉藤仁の決勝戦だ。

1983年にモスクワで開催された世界選手権で95kg超級の優勝は山下、無差別級を制したのは斉藤。翌84年のロス五輪では95kg超級で斉藤が金メダル、無差別級は山下が金メダルだった。

全日本選手権は体重別階級制ではなく、無差別級で日本一を決める大会。まさに世界の頂点に立つ2人の、どちらが強いかを決する一戦だった。

問題の場面は4分過ぎ。山下が支釣込足《ささえつりこみあし》を試みたが、そこに斉藤が大外返《おおそとがえし》で反撃すると山下は背中から畳に落ちた。だが、神永は斉藤の有効技と認めなかった。

その後、山下と斉藤は効果技を出せないまま10分間の戦いを終える。試合が終わった瞬間、斉藤は勝利を確信して右手を挙げたものの、旗判定は白（山下）が2本。山下の全日

際どい勝負となった1985年の全日本柔道選手権決勝。山下（右）が斉藤を判定で下し、9連覇を達成

本選手権9連覇となった。試合後半で斉藤が反則の指導を受けたのが影響したといわれる（ただし、当時の指導はポイントではない）。

ところが、判定で山下に旗が上がると、国士舘大（斉藤は当時、国士舘大学の助手だった）の関係者が「この判定はおかしい」と抗議する騒ぎになった。

全日本選手権の審判員になって2年目だった正木は、その試合を審判員席で見ていた。

「当時の山下は選手としては晩年を迎えていて、全盛期ほどのパワーはなかった。それでも山下有利の組手で進んでいくなかで、山下が内股をかけながら横に振って支釣込足の連続技にいった。斉藤はそれをこらえるようにして山下を押したところ、山下は背中から落ちた。

神永先生は（山下が）支釣込足をかけた結果だと判断して、斉藤の返し技とは認めなかったわけですが、審判員席にいた我々も〝攻めた山下〟と〝返し技の斉藤〟で意見が真っ二つに割れたほど微妙な判定でした」

後日、正木は斉藤と話す機会があったという。

「私が〝あれ（返し技）で勝ったと思ったか〟と訊くと、〝ええ、思いました〟と言っていた。ただ、その後に防戦一方になってしまったことについては、〝（自分が有利だと考えずに）攻め続けなくてはいけなかった〟と反省していました」

この試合を斉藤は、「富士山はエベレストより高い」と表現した。五輪や世界選手権で優勝しても、全日本選手権で勝つのは難しいという意味だが、もし神永が斉藤の返し技を認めていたら、あるいは審判員の旗判定が斉藤に上がっていたら、山下の全日本選手権9連覇という大記録は生まれていなかった。審判員の判定の「重さ」を感じさせる。

ジュリー制度とビデオ判定への複雑な思い

山下－斉藤戦が物議を醸したことからもわかるように、柔道の判定には難しさが伴う。「先に倒れたほうが負け」というものではなく、その倒れ方次第でも〝一本〟〝技あり〟などに判定が分かれる。その判断は長く審判員に委ねられてきた。

だが、そんな柔道でも他のスポーツ同様に「ビデオ判定」の導入が進んでいる。きっかけは、本章の最初に触れた2000年シドニー五輪での「世紀の誤審」だった。

全柔連はシドニー五輪の3か月後（00年12月）に行なわれた福岡国際女子柔道選手権でビデオ判定を試験的に導入。当初は導入に否定的だったIJFも2007年から採用した。

柔道のビデオ判定には「ジュリー」と呼ばれる審判委員が大きく関わる。ジュリー自体は1994年から制度化されていたものの、「審判員の監督者」としての役割は曖昧で、原則的には「判定への介入はしない」という立場だった。

だが、ビデオ判定の導入によってジュリーの〝権限〟が増していく。導入以来、ジュリー制度による判定はたびたび騒動が起き、そのたびに運用も変更されているので本稿では詳細を略すが、要は「（ビデオチェックの主体となる）ジュリーの判断で試合が左右される」というケースが急増したのである。

あくまでジュリーは「審判員の監督者」であって、「審判」ではない。だが、ビデオを確認し、無線機で主審に「今の判定は違う」と介入できるため、事実上の〝上級主審〟という性格を帯びてくる。その結果、主審や副審が判定のたびにジュリーの顔色を窺《うかが》うようなことが起きるという。

「主審が〝技あり〟と宣告した瞬間、ジュリーはモニターでそれを確認する。そこで〝技ありではない〟と判断されると、主審は〝取り消し〟と申し訳なさそうに撤回する。〝一本〟と判定したのにビデオで〝技あり〟に格下げされようものなら、仮に私が主審だったら屈辱以外の何ものでもありません。審判の威厳はどんどん失われていく。それどころか今の審判員たちは〝判定が覆っても仕方ない〟とさえ思うようになっている」

2023年4月、全日本選抜柔道体重別選手権女子63kg級の準決勝で、異例の判定変更があった。立川桃《たつかわもも》が相手に右肘を巻き込まれながら倒され、そのまま腕ひしぎ十字固めで敗れた。

ところが決勝戦がなかなか始まらない。そして準決勝から1時間ほど経過してから場内放送で、「準決勝の判定に間違いがあり、勝者は立川さんとなりました。立川さんは試合会場にすぐ来てください」と館内放送が流れた。すでに私服姿だった立川は慌てて柔道着に着替え、畳に上がると立川の勝利が告げられた。

試合後に改めてビデオ判定した結果、相手選手が一発反則負けとなる「立ち姿勢からの脇固め」をかけていたと確認されたのだ。立川は決勝でも勝利し、大会初優勝を飾った。

「全日本体重別は五輪や世界選手権の代表選考に直結する重要な大会です。準決勝の主審は〝モニターで見てくれているので〟と話していたそうですが、審判の開き直りにも感じます。ビデオが最終判断してくれるという甘えが、どんどん判定ミスに繋がっていくのではないかと心配しています」

これまで多くの選手が「誤審」によって涙を流してきた。それがなくなる〝代償〟として、審判の威厳はどんどん失われている。とりわけ柔道では競技の性質上、「実績を残した高段者が審判を務める」という伝統が重んじられてきただけに、正木としては複雑な思いを抱えているようだ。

「生まれ変わっても柔道の審判をやりたいか」と問うと、正木は少し沈黙してからこう答えた。

「競技者を目指します。それも柔道ではなく相撲です。相撲は柔道よりも勝ち負けがはっきりしているからね。誤審される心配が一番少ない格闘技でしょう。

ただ〝何かの審判を選べ〟と訊かれれば……、やはり柔道なのかもしれません。柔道の審判員ほど脚光を浴びる競技はないと思います。ただし、競技者として実績があった者が指名される時代の審判員ですけれどね」

第5章

ボクシングレフェリー　ビニー・マーチン

「ボクサーの命を守る」という重大な使命

ビニー・マーチン（びにー・まーちん）

1962年、ガーナ生まれ。プロサッカー選手を目指したが、足の骨折で挫折。24歳で来日し、26歳でボクシングを始めた。プロデビューは27歳。4年後には日本ミドル級、その3年後に日本ジュニアミドル級王者に。プロでの戦績は27戦18勝（7KO）7敗2分。JBCの推薦を受けてレフェリーになったのは37歳。国際審判員となり、印刷機械専門の運送会社に勤めながらレフェリーとしてリングに上がる。（本書発売時点で62歳）

竹原慎二のライバルだった選手時代

ビニー・マーチンはJBC（日本ボクシングコミッション）の外国人レフェリー。プロボクサー出身で、現役時代は27戦18勝（7KO）7敗2分の戦績を持つスーパーウェルター、ミドル両級の元日本王者である。

だが、若い頃からボクサーだったわけではない。

1962年にアフリカ・ガーナで生まれたマーチンは裕福な家庭に育ち、イギリスの工業大学に留学。プロのサッカー選手を目指していたが、練習中に足を骨折して断念。そこで在学中に学んだ自動車整備の知識を深めようと、24歳の時に来日した。

日本では運送会社に勤務しながら、日本語学校へ通った。その頃に日本人女性と入籍したが、間もなく妻は出産のために実家に帰り、東京のアパートに残されたマーチンは時間を持て余していた。

「寂しさを紛らわせるために、知人から紹介されたボクシングジムに入門したんです。最初の頃はスパーリングも怖くて仕方がなかった。体力づくりが目的だったので、プロになる気などまったくありませんでした」

トレーニングで汗をかくと、よく眠れた。マーチンは「何も考えずにやっていただけ」と振り返るが、あっという間にボクシングにはまっていた。スポーツ経験の下地があったとはいえ、何と入門から3か月後の89年5月、角海老《かどえび》宝石ボクシングジムからプロデビューすることに。27歳の遅咲きプロだった。

デビューはミドル級で、同時期に同じ階級でデビューしたのが竹原慎二。のちに無敗のまま世界チャンピオンになった天才ボクサーがマーチンの前に立ちはだかった。

竹原との初対戦はデビューした89年の暮れ、東日本新人王決定戦だった。マーチンは判定負けを喫した。3年後の92年8月に日本ミドル級タイトルマッチの挑戦者として竹原に挑むが、またしても判定負け。竹原は3度目の王座防衛を果たした。

竹原が4度目の防衛後に王座を返上したことで、日本ミドル級王者の挑戦権を手にしたマーチンは、93年4月に日本ミドル級王座決定戦でKO勝ち。日本ボクシング界初のガーナ人王者となった。この快挙は母国の新聞にも大きく載った。

だが、4か月後の初防衛戦に敗れて王座陥落。直後に交通事故でむち打ちになってしばらくリングに上がれなかったが、マーチンは諦めなかった。ジュニアミドル級（現スーパーウェルター級）に階級を下げて復帰すると、交通事故から3年後の96年6月に日本ジュニアミドル級の王座決定戦で判定勝ちし、2階級を制した。竹原がＷＢＡ世界ミドル級の初防衛戦前の公開スパーリング相手にマーチンを指名したことも話題になった。

同年12月に2度目の防衛に失敗すると2年後に現役を引退。36歳だった。

「パンチを打ち込もうとしても、体が動かなくなった。自分の中ではまだまだやれるんじゃないかと思っていたが、37歳ルールがあったので引退を決意した」

当時はＪＢＣがプロボクサーの年齢を「17歳以上36歳以下」と定めており、37歳に達した時点で現役チャンピオンでなければプロライセンスが自動的に失効した。慢性外傷性脳症（パンチドランカー）を防ぐためのルールだった。１９５２年のＪＢＣ設立時に作られた制度だったが、医療の進歩により安全性が向上したとして２０２３年7月に撤廃された。

オールドルーキーとしてデビュー、年齢の壁による引退。王者に君臨した期間は短かったが、マーチンの活躍はボクシングファンの記憶に残る。

そして彼が次に選んだのがレフェリーとしてのボクシング人生だった。

引退からわずか半年で審判に合格

マーチンが「37歳ルール」を目前にして引退を考えていた頃、ＪＢＣの安原昭雄・検査部長からジムを通じて、「ボクシングが好きなんだから、引退して審判員をやってみないか」と声を掛けられた。

「最初は本気にしてなかった。選手を続けたかったし、そもそも日本人がなるのも難しいと聞いていたからね。でも、最後の試合で少しパンチを受けただけでセコンドからタオルを投げられた。ボクサーとしてはもう価値がないんだと落ち込んだ時、安原さんの言葉を思い出したんです」

リングに上がるのはもちろんだが、試合を観戦するのも好きだった。どんな形でもボクシングに関わりたい——そう思うようになっていたという。

「頭に浮かんだのは家族のこと。そこは少し悩みましたが、相談すると賛成してくれたので挑戦してみることにしました」

１９９８年に引退すると、すぐに審判員の研修を受けた。半年後の１９９９年5月、

ＪＢＣからＣ級審判員に合格したことが発表された。日本のジム所属の外国人ボクサーとしては初の審判員だった。

ＪＢＣの規定では、25歳以上を対象として審判員試験を実施することになっている（欠員が出た時のみ募集）。試験に合格し、訓練期間を経て審判員の資格を得ることができる。ライセンスはＡ級、Ｂ級、Ｃ級の３つのクラスに分類されるが、まずＣ級に合格すると４回戦までの試合を、Ｂ級に昇級すると６回戦、Ａ級になればすべての試合を担当できる。

ボクシングの審判員には２つのポジションがある。

リングへ上がってノックダウンや反則行為を監視し、試合進行を統括する「レフェリー」。そして、もうひとつがリングサイドで優勢・劣勢を採点する３人の「ジャッジ」である。

「研修ではまずジャッジの訓練を受けます。ボクシングの試合会場に行って、試合を見ながら実際に採点します。そのジャッジペーパーを指導官に提出し、評価を受ける。指導官の採点と違う点があれば、〝なぜこの採点になったか〟を訊かれる。後日、その試合のビデオを見ながら細かく指導してもらうこともありました」

並行してレフェリーとしての実技講習も行なわれる。大先輩の審判員と一緒にリングに上がり、レフェリーのジェスチャーやウオーキング（足運び）の指導を受ける。ターン、バックステップ、フロントステップ、ストップなどを実演してもらい、それを真似るところから始まる。さらに実際の試合でリング下から指導官レフェリーの動きを学び、プロテストなどの場で実地体験をする。

「このような研修期間は個人によって違う。通常は1～2年かかりますが、私は元日本王者というキャリアがあり、選手の動きやパンチを出すタイミングはだいたいわかっていましたから、リング上で的確に動くことができた。半年でC級審判員に合格できたのはそういう理由がありました」

B級、A級への昇格はJBCが判断する。レフェリーとジャッジをランダムに担当するが、すべての試合で判定・採点が評価され、昇級の判断が下される。ミスジャッジが多かったり、採点が他のジャッジとかけ離れていたりすると昇級が見送られる。

ここでもトップボクサーとしての経験がアドバンテージになった。1999年5月にC級審判員に合格したマーチンはすぐにB級に昇格し、さらに半年後の2000年1月には日本タイトルのレフェリーができるA級審判員に昇格。異例のスピード昇格だったことは間違いない。

世界タイトルマッチの審判ができる国際審判員は、JBCが能力を認めて推薦することになる。ここでもマーチンの経歴は役に立った。日本語のほか、英語、ガーナ語、アラビア語が堪能なマーチンは国際審判員のライセンスも取得。ただし、世界タイトルマッチのジャッジをするまでには審判員になってから5年以上を費やした。

何試合やっても日当は1万円!?

日本でボクシング審判員は講習を受けている者も含めて東京・名古屋地区で30人、全国で60人ほど。そのうち国際審判はマーチンを含めて8人だ。JBCの試合役員（審判員）募集要項には、〈試合の勝敗を決する非常に重要な業務となります。あくまでも公平な視点と、機敏な運動能力、適切な判断能力が求められます。選手のダメージを適切に見極め、試合をストップして選手の安全を守るリング上の最後の砦となる業務です〉と記されている。

審判員になるには所属ジムなどの推薦が必要となる。定員は決まっていないが、全国にいる約60人の公認審判員に欠員が出ないと補充されず、ボクシングの審判員としてふさわしい人格と知識を持った者がJBCから認定を受ける。

狭き門にもかかわらず、その報酬は驚くほど少額だ。それにはボクシングの試合が独特のシステムで行なわれることも関係している。審判員の報酬は興行を主催するプロモーターが用意する公式戦認定料の中から支払われる。プロモーターの意向に沿った不公平な判定を抑止するために、審判のギャランティーを少額に設定しているともいわれる。

後楽園ホールでのノンタイトルマッチであれば、日当は1万円程度。1日で何試合審判を務めても同額だ。世界戦は団体ごとに違いはあるものの、前日計量の立ち会いなど拘束が複数日になることもあって、約1200ドル（約17万円）が支払われるという。

審判員として生計を立てることができないため、〝本業〟を持っている審判員が大半だ。マーチンも普段は会社員として運送会社に勤務している。平日は仕事を休めないので、主に土日・祝日の試合で審判員を務める。

「月に4回のペースですね。オファーがあれば全国どこでも行きます。実はレフェリーもジャッジもギャラは同じ。まぁ、どちらにしても安いですよ（苦笑）」

服装は「蝶ネクタイに白シャツ」と規定されている。ネクタイは自前で用意するが、白シャツは支給される。試合会場には白シャツを必ず2枚持っていくという。

「出血を伴うことが多い競技ですから、レフェリーをやると選手の血がシャツに飛んでくる。1日に8試合あればレフェリーを2試合務めるので、着替えのシャツは必須なんです」

レフェリーの運動量は凄い。世界戦ともなれば3分×12ラウンドを選手とともに18～24フィート四方のリング上を動き回る。健康管理も大変だ。

「毎朝ウオーキングをして、休みの日にはランニングをしています。レフェリーはフットワークが命です。

あとは動体視力。研修ではボクシングの練習で使うパンチングボールを使ったりしますが、時間があれば遠くを眺め、走っている車のナンバーを見るのもトレーニングのひとつです。懸垂《けんすい》も毎日やっている。会社に手作りの鉄棒があって、時間があればぶら下がります。運動量と判断力を落とさない努力を続けていきます」

60歳を過ぎたマーチンには過酷にも思えるが、「実は60歳を超えた今がレフェリーとしてのピークだと思う」と語る。

「レフェリーでもジャッジでも、どれだけ多くの試合をさばいてきたかの経験が重要です。それにフットワークは審判を始めた頃と変わらない。もともと足を使うボクサーだったというのもプラスになっている。引退後にレフェリーのオファーをもらえたのも、現役時代のスタイルがあったからだと思う。今でも選手たちのスピードにしっかり対応できます」

ＪＢＣの規定では審判員の定年は70歳。２００７年までは定年の規定はなく、判断力が落ちなければ何歳でも続けることができた。世界戦で97試合のレフェリー・ジャッジを務めた森田健は、定年制度ができる前の05年に70歳で審判生活にピリオドを打った（その後、ＪＢＣの審判委員長、事務局長などを歴任）。

「レフェリーにはジャッジング、レフェリング、フットワークが求められますが、やはり70歳になると肉体的な衰えが出てくるのだと思う。体力を維持できるかどうかが大事になってくるだろうが、オファーをもらえる限りは審判員を続けたいですね」

「ストップが早いレフェリー」の矜持

今やJBCを代表する審判員であるマーチンのレフェリーデビューは、四半世紀前の1999年6月5日。ボクシングの聖地・後楽園ホールで14歳の選手同士の対戦だった。

「ジャッジを何試合か担当してから、レフェリーを務めることになったが、ものすごく緊張したのを覚えています。レフェリーに止められて負けた経験が自分にはたくさんあったから、止められる選手の悔しさがよくわかる。でも、選手生命を潰すようなレフェリングは絶対にダメだ。そんなことを考えながらリングに上がりました。

嬉しくて仕方がなかった選手時代のデビュー戦とは違い、人の命を預かる立場ということで、1発のパンチも見逃してはいけない。自分が試合するほうが10倍も20倍も楽だった」

レフェリーには試合を止める権限が与えられている。レフェリーは選手のダメージを見ながら試合をコントロールするが、早めにストップをかければ選手やセコンド、そしてファンからも文句が出る。

審判としてのキャリアはすでに25年を迎えるが、マーチンは「ストップが早いレフェリー」と評されている。

「最初は〝早すぎる!〟とかなり言われました。私もボクサーをやっていた時に〝まだ闘えるのに、なぜ止めるんだ！〟と思った試合はあります。ただ、現役を引退してからの人生のほうが長い。審判員を始めて半年ぐらいした頃から〝レフェリーは選手の命を守らないといけない〟と強く思うようになりましたね」

マーチンによれば、「ストップされた選手はあまり文句を言わない」という。ファンも言わない。激しいクレームをつけるのはセコンドだ。

「選手に試合を続けさせてやりたいという気持ちはわかります。レフェリーをやっていて、そこが一番難しかったですね。（ボクシングに関する著作が多い）作家でスポーツライターの佐瀬《させ》稔《みのる》さんは『遅すぎるストップはあっても、早すぎるストップはない』と話していましたが、すばらしい表現だと思います」

レフェリーを長く続けていくうちに、その考え方に自信がついた。トップ選手だったからこそ、目の前にいるボクサーのダメージがわかる。

「判断が難しいのはダウンのカウントです。8カウントで立ち上がった選手のグローブを持ってファイティングポーズを取らせます。でも腕に力が入っていない、あるいは目線が定まっていないようなら、私が2歩ステップバックして、〝こっちに歩いてこい〟とジェ

元プロボクサーだからこそ選手の安全を意識する（右はボクシングに転向した那須川天心）

スチャーします。選手が1歩、2歩と進んでもう一度ファイティングポーズを取れば続行させますが、少しでもグラッとしたら無理をさせない。セコンドは〝まだできる！　続けさせろ！〟と怒鳴るかもしれませんが、私は躊躇《ちゅうちょ》なく試合をストップさせます」

スリップダウンかノックダウンかもレフェリーの判断だ。

ノックダウンは「足の裏以外がリングについた状態」で、レフェリーはカウントを始める。10カウントまでに立ち上がってファイティングポーズを取れなければKO（ノックアウト）となる。スリップダウンは相手のパンチが当たっていないのに自分で足を滑らせて尻もちなどをつくケース。レフェリーは試合を止めて「スリップダウン」を宣言する。当然、ダウンカウントはない。

だが、相手の攻撃で倒れたのか、自分でバランスを崩したのかが微妙なケースもある。その判定がトラブルになることは少なくない。

「選手は〝ダメージを受けていない〟とアピールするし、セコンドも〝(相手のパンチが)当たっていない！〟と猛抗議します。ノックダウンかどうかはジャッジの採点に繋がるので当然のことです。微妙なケースはレフェリー次第。研修では最も時間をかけて指導される、レフェリー泣かせのシーンのひとつです」

B級、A級にステップアップしても、常に審判員研修がある。ルール改正や特殊なケースを設定して審判員が状況を説明する。また、実際の試合のビデオを観て採点したうえで、次はスロー再生映像で同じ試合を採点する。さらに「このラウンドをどう判断したのか」「このパンチは有効打かどうか」といった点をディスカッションする。

審判員たちはそうやってレベルアップを続けている。

世界戦より4回戦の審判が難しい

ＫＯは「ボクシングの華」といわれるが、レフェリーにとっては最も神経を使うシーンだ。ダウンする前にストップすると「早過ぎる」と批判されるが、意識朦朧《もうろう》としてサンドバック状態にさせてしまうと「手遅れ」となる。

「激しい打ち合いになると選手のダメージを見ます。これはレフェリーにしかできない。続行が無理だと判断したら、両者の間に割って入る前に〝スト～ップ！〟と大声をあげる。この判断を瞬時にできるレフェリーこそ一流だと思います」

判断は必ずしも打ち合いの場面とは限らない。前のラウンドに多くパンチを浴びた選手であれば、１分間のインターバルで様子を観察する。ダメージが大きい場合は、次のラウンドで防戦一方になった時点で試合を止めることもある。

印象深い試合をマーチンに訊ねると、「２０１３年８月の日本ミドル級タイトルマッチ」と即答した。やはりレフェリーストップが絡む試合だ。

王者・胡朋宏《えびすともひろ》の初防衛戦で、対戦相手はミドル級１位の中川大資《だいすけ》。中川はすでに日本

2階級制覇を成し遂げていた実力者だ。結果は7ラウンド2分56秒で胡がKO負け、王座から陥落した。7ラウンド残り4秒の場面で、マーチンは胡のダメージが大きいと判断して試合を止めた。胡はダウンからかろうじて立ち上がったが、マーチンは両手を頭上で交差してレフェリーストップしたのだ。

「胡選手は何も言わなかったが、セコンドからは〝早すぎる〟と猛抗議されました。ところが後日、胡選手が私のところに来て、『命を助けてくれてありがとうございました』と頭を下げたのです。試合をやっていた選手はわかるのでしょう」

それから3年後、胡は日本ミドル級王者に返り咲いた。

「本当に嬉しかったです。あの試合をストップさせたことで次があった。ボクシングはあくまでもスポーツ。ファンやセコンドが騒ごうが、レフェリーは選手の命を守らないといけない。引退してからも長い人生が残っているのですから」

その点については、「世界戦よりも4回戦のレフェリーが難しい」と話す。完成されている選手はルールも熟知しているし、〝ボクサーとしての動き〟をする。レフェリーが「ストップ」「ブレイク」とコールすれば体が自然に反応する。

「でも、4回戦ボーイはルールや用語の理解度が高くないし、ボクサーらしくない動きも多い。そのためルールを伝えながら試合をコントロールしなければなりません。4回戦のレフェリーではずいぶん勉強させてもらっています」

特に注意が必要なのはアマチュア時代の感覚が残っている選手のプロデビュー戦だという。それまでヘッドギアを着用して試合をしてきたので、頭部のガードが甘くなるのだという。プロのパンチがヒットし、サンドバック状態になってしまうことも少なくない。レフェリーが目を光らせないと、大きな事故に繋がりかねないのだ。

「私はアマの試合会場にもよく足を運ぶようにしています。そこでレフェリーの動きとかを勉強します。サッカーの審判は選手が22人いても次のプレーをある程度予測できますが、ボクシングは予想がつかない。2人の選手が縦横無尽《じゅうおうむじん》に動くうえに、苦し紛れのパンチが決定打になることもある。選手のタイプによって試合展開も違う。いろんなレベルの試合を見ることで勉強になります」

リング上の立ち位置も重要だという。選手2人と自分の位置関係が常に三角形になるようにマーチンは意識する。コーナーで打ち合う場面でも、攻めている選手の後方からではなく、両選手の表情が見えるポジションを取る。だが、あまり選手に近づきすぎると観客の邪魔になってしまう。この絶妙なポジションもまた「優れたレフェリー」の要素なのだ。

「ビデオ判定」に賛成する理由

ボクシングは一瞬の動きが勝敗を決める。レフェリーの肉眼では判定が難しい場面も少なくない。そのため以前からビデオ判定の導入が検討されてきたが、日本でのボクシングの試合で初めて導入されたのは2023年4月に行なわれたIBFのダブル世界戦だった。

現在も試合後に反則・違反行為を確認する程度の運用だが（違反行為があった場合は「無効試合」となる）、今後は「VTS（ビデオ・テスティング・システム）」という名称で試合中の映像判定を導入する方向で検討が進んでいる。

きっかけは2023年1月に開催されたダニエル・バラダレスと重岡銀次朗によるIBF世界ミニマム級タイトルマッチ戦だった。王者・バラダレスがバッティングで負傷、試合続行が不可能となり無効試合となった。それが「故意か偶然か」で議論が起きたのだ。

JBCではビデオ判定の初導入となったIBFのダブル世界戦の会見に同席した安河内《やすこうち》

剛《つよし》事務局長が「今後導入していきたい」とコメント。その試合にもパネリストとして立ち会っている。

JBCが導入するVTSは「5台のビデオカメラで記録し、レフェリーが死角などで正しい判定ができなかったと判断した場合だけ活用する」というスタイルで、リング上のレフェリーの要請を受けてラウンド間に3人のパネリスト（試合の立ち会い人）が映像で確認。3人の意見が一致した場合のみ判定が覆る。導入の範囲を広げていくことで、レフェリーの目だけで判定できない部分を映像でチェックし、判定の精度を上げる狙いだ。

「自分は導入に賛成です。他のスポーツでも導入が進んでいますが、ボクシングには微妙なプレーが多い。足がもつれてダウンすることは少なくないが、ちょうどそのタイミングで対戦相手がパンチを出しているケースもある。

特に反則で相手に大ダメージを与えてしまうボクシングの場合、その場で確認・判断しないと試合結果がおかしくなってしまう。ビデオ判定の導入はよりフェアな試合に繋がると思います」

マーチンも「スリップダウンかノックダウンか」で判断がつかないケースに何度か遭遇

した。そんな場面では、8カウントでファイティングポーズを取らせたうえで、一旦試合をストップし、選手をニュートラルコーナーに移動させる。そのうえでジャッジの3人に「パンチが当たったのか、スリップだったのか」と確認し、ジャッジの過半数の判断に従って試合を続行する。正式なルールではないが、多くのレフェリーが同様の手順を踏んでいるという。

「どうしてもレフェリーの死角は生じます。わからないまま続行するのではなく、副審の役割もあるジャッジに確認する。レフェリーが判断できないということ自体がミスかもしれませんが、判断がつかないまま続行することはさらに大きなミスだと考えます。試合を変な形で中断させれば大勢の観客からブーイングを浴びるでしょうが、レフェリーのプライドよりフェアな試合を優先させないといけません」

レフェリーとジャッジは「ワンチーム」

コロナ禍の間、ボクシングの試合は無観客で行なわれた。井岡一翔《かずと》が3度目の防衛に成功したWBO世界スーパーフライ級タイトルマッチ（21年9月、東京・大田区総合体育館）は、日本国内で行なわれた世界戦で初の無観客での開催となった。前日計量の様子もオンラインで公開され、恒例のにらみ合いもなかった。

歓声も拍手もない空間での試合。レフェリーはマーチンが務めた。

「やはり声援があるかないかで選手のやる気は変わる。無観客開催には選手もいつも以上に勇気が必要だったと思う。最終ラウンドは井岡もかなりパンチをもらう距離で打ち合っていた。大声援があれば、もっと力を出せていたと思う」

では、観客の歓声はジャッジの判定に影響するのだろうか。

中谷潤人《なかたにじゅんと》が世界王者に輝いた後楽園ホールでのWBO世界フライ級王座決定戦（20年11月）も無観客開催だった。その試合のジャッジの1人がマーチンだった。

「いいパンチが入れば歓声や拍手が沸きますが、それで採点が左右されたりはしません。ゴングが鳴ったら選手2人しか目に入らないし、声援が耳に入らないほど集中しています」

どちらも有効打が出なければ、手数の多さを判断してポイントをつける。ただ、ボクシングには「一発」がある。ポイントがつくのはクリーンヒットだ。1ラウンド3分間のうち2分50秒が攻勢でも、最後の10秒でクリーンヒットを食らえばポイントがひっくり返る。

「レフェリーは瞬間を見るが、ジャッジは3分間全体を見ないといけません。レフェリーもジャッジも選手の動きを見ているところは同じですが、役割は違う。レフェリーは選手の表情や息遣いまで細かく選手を観察し、ダウン判定はもちろんストップやブレイクを判断する。一方、ジャッジは〝どちらがアグレッシブか〟を見ています」

レフェリーとジャッジ3人は「ワンチーム」とマーチンは説明する。試合前と試合後に4人でミーティングが行なわれるが、互いに審判員として良いところ、悪いところを素直に話し合う場なのだという。

「試合中にレフェリーが見えなかったり、わからなかったりしたらジャッジに聞く。リング上から目で合図するとジャッジがジェスチャーで教えてくれる。レフェリーの能力が低いのではなく、チームのクオリティが高いから可能なのです。これは日本独自の考え方のようで、来日した外国の審判員たちは驚くとともに、リスペクトしてくれますね。

ボクシングでは主審（レフェリー）が大きな権限を持っているが、絶対ではない。JBCでも〝ワンチームの判断でいい〟となっており、主審が判断に迷う時は副審（ジャッジ）に確認したほうがいい。正確な判定をするためには、チームでレベルアップすればいい。だからミーティングで失敗があれば反省し、いい判断があれば共有する。一番必要なのはチームワークであって、レフェリーやジャッジの個性ではないと考えています」

審判員に個性は要らないと話すマーチンだが、こう付け加える。

「ただしレフェリーや審判員には〝存在感〟が必要だと思います。選手だけでなくレフェリーを見るために試合会場に来てくれる観客もいる。選手が紹介されたあとに、『ジャッジは元日本ミドル級チャンピオンのビリー・マーチン』とコールされると、選手に負けないぐらいの歓声をいただきます。それはやはり嬉しいですし、〝見られているのだから的確なジャッジをしないといけない〟と気が引き締まりますね」

ラグビーの審判はリスペクトされている

数々の試合をさばいてきたマーチンだけに、トラブルに直面したことも少なくない。そのひとつが2023年5月、北海道・札幌で起きた前代未聞の〝替え玉ボクサー事件〟だ。

2つの試合に出場したナイジェリア国籍の2選手は、申請されていた選手とはまったくの別人だったのだ。ファイトマネーの入金も済んでいたにもかかわらず〝本物〟はナイジエリアから出国さえしておらず、困ったマッチメーカーが代役としてプロライセンスを持たない日本在住のナイジェリア人をリングに上げてしまったのだ。その結果、プロと素人が対戦。あってはならない試合が2つも組まれた。

レフェリーはどちらの試合もマーチンだった。

「見た目はボクサーっぽい体格で、素晴らしい戦績も読み上げられていたが、1ラウンドのゴングが鳴った瞬間にボクサーの動きじゃないとわかりました。後ろに下がるばかりで、空振りに近いパンチを受けて簡単にダウン。グローブを握って〝大丈夫か？〟と声を掛けると、大したダメージを受けていないはずなのに首を横に振る。明らかにボクサーじゃないとわかったので慌てて試合を止めた（結果はどちらも試合も1ラウンドKO）。プロを相手に素人が殴り合うのを続行させるわけにはいきません」

トラブルの原因はマッチメーカーにあり、JBCでは関係者のライセンス停止など厳しい処分を下したが、仮にマーチンが判断を誤れば命を落とす可能性さえあった。極端なケースではあるが、レフェリーにはどのような場面でも冷静な対応が求められる。

対照的に、目の前の選手の感情が高ぶっていることが多いのもボクシングの特性だ。ハングリー精神の代名詞的スポーツだけに、敗れた選手がレフェリーに八つ当たりすることも珍しくないという。

「レフェリーが悪いとばかりに〝チクショー〟と悪態をつく選手もいるが、試合でのダメージが大きいため、C級のプロボクサーは1年間に4試合しかできない。そこで4勝するとB級になって6回戦に上がれるが、4戦目で負けるとセットバック、振り出しに戻ってしまう。そんな試合で負ければ誰もが感情をコントロールできなくなる。選手の気持ちがわかるので、しょうがないと思っている」

そんな難しさを感じているからだろうか、「他の競技でやってみたい審判は？」と訊くと、少し考えてからこんな答えが返ってきた。

「ラグビーだね。自分は若い頃にプロサッカープレイヤーを目指したけど、サッカーは選手のアピールが凄いんだ（苦笑）。何十分も広いフィールドを走り回る大変さはサッカーもラグビーも似ているけれど、ラグビー選手たちは常に紳士的でレフェリーのジャッジを尊重する。ラグビーはとりわけ審判をリスペクトするスポーツだと思う。

あとは……選手からパンチを浴びることがない競技がいい（苦笑）。ロープを背にして防戦している選手がリング外に落ちそうになったので抱きかかえようとしたら、攻め込んでいる選手のパンチが飛んできて、目が赤く腫れてしまったことがある。仕方ないアクシデントだと判断したから、減点はしなかったけどね」

格闘技では大相撲の行司に興味があるという。最高位の立行司が腰に短刀を差し、差し違えをした時に切腹する覚悟は「いかにも日本人らしくて好きだ」と語る。

「ただ、相撲の勝敗判定は厳密には土俵下の審判員が審議する。だから行司は差し違えた翌日も土俵に上がることができる。ボクシングは命に関わるスポーツだけに、レフェリーに明らかなミスがあれば、しばらくはリングに上げてもらえない。その意味ではボクシングの審判のほうがプレッシャーは大きいのかもしれない」

マーチンは「生まれ変わってもボクシングの審判をやりたい」と話す。

「命懸けで戦うスポーツだからこそ、選手たちの命を守るレフェリーはかけがえのない存在です。もちろん、その前に選手としてリングに上がりたい気持ちが強いですね」

第6章

飛び込み審判員　馬淵かの子

自分の採点がメダルの色を変えてしまう重圧

馬淵かの子（まぶち・かのこ）

1938年、兵庫県生まれ。松蔭女学校中等部時代に飛び込み競技を始め、16歳でアジア大会に初出場。五輪にはメルボルン、ローマ、東京に出場した。夫の馬淵良、娘の馬淵よしのも飛び込み競技の五輪代表選手。引退後は指導者となり、審判員資格も取得した。夫とJSS宝塚スイミングスクールを立ち上げ、寺内健など多数の五輪選手を育てた。玉井陸斗も小学1年の体験教室が縁で飛び込みを始めた。（本書発売時点で86歳）

審判員の高齢化と人材不足

戦後日本の水泳・飛び込み競技は彼女なくして語れない。85歳を超えてなお子供たちの指導に情熱を傾ける馬淵かの子は、まさに日本飛び込み界のレジェンドである。

1938年生まれの馬淵は、マニラで開催された54年アジア大会に日本代表として初出場。3メートル板飛び込みと10メートル高飛び込みで銅メダルに輝き、それから3大会でメダルを獲得。五輪にはメルボルン（56年）、ローマ（60年）、東京（64年）と3大会に出場した。

夫の馬淵良《りょう》も飛び込み選手としてメルボルン五輪とローマ五輪に出場。1958年に東京で開催されたアジア大会では10メートル高飛び込みで金メダル。長女の馬淵よしのも84年ロサンゼルス五輪に出場した（引退後はタレントとしても活躍した）。

馬淵夫妻は引退後に飛び込み専用屋内プールを設けたJSS宝塚スイミングスクールを立ち上げ、数多くの五輪代表選手を送り出した。馬淵は現在も同スイミングのコーチを務め、小学1年の時に体験教室に参加した玉井陸斗（21年東京五輪7位）の才能を見出している。

指導者としてだけでなく、審判員としても現役である。

採点競技である飛び込み競技の審判員は、選手がルールを遵守しているかどうかの監視役というより、採点規則に基づいて選手の演技を評価する「採点役」の側面が強い。対人競技や競走競技と異なり、採点競技では審判による採点で勝敗・成績が決まる。審判にかかる責任が非常に大きい競技といえる。

馬淵は現役中に審判員の資格を取得したが、実際に競技会で審判員を務めたのは36歳で引退してから。国際試合や日本選手権など全国大会では審判員に定年を設けているが、県大会などのローカル大会では定年がなく、現在も審判員として駆り出されている。

「とにかく人が足りないんですよ（苦笑）。採点競技の審判員は基本的に競技経験者でないと難しいのですが、そもそも競技人口が少ないので審判員が慢性的に不足しています。現役を引退した選手に講習を受けてもらって資格を取得するように指導しています」

公認審判員はC級審判員からのスタートとなる。ローカル大会での審判員から始め、日本選手権の審判員ができるA級審判になるまでにはかなり経験を積まないといけない。

馬淵が見出した玉井陸斗は東京五輪に続いてパリ五輪にも出場（左端は長女・よしの、右端は次女・しげの）。

ちなみに馬淵が現役だった頃は、審判員に資格はなかった（ライセンス制度は1984年から）。当時は競技経験者から審判ができる者を募って審判名簿を作成していた。現在は公認審判員資格取得者を日本水泳連盟が管理しているものの、「次の試合は××で開催されるので、会場近くの審判員に声をかける」という方式だという。
「私のように引退後にコーチになった者もいますが、ほとんどが水泳とは別の仕事についています。全国大会では旅費や宿泊費は出ますが、日当はありません。ローカル大会は交通費も出ない完全ボランティア。出るのはお弁当くらい。仕事を休んでまで審判に参加するのはなかなか難しい」

とりわけ少年少女の大会は夏休みの平日に開催されることが多いため、審判員を揃えるのに苦労しているという。

「技の難易度が男女でまったく違うので、本来は男子の試合は男性審判、女子の試合は女性審判が担当するのが理想ですが、人員が足りないので男女ミックスの構成にならざるを得ない。私のように80代の審判員もいれば、75歳の人もいます。平均すると50代くらいだと思いますが、審判員の高齢化は深刻ですね」

国際審判員の定年は60歳、日本水連が主催する国内競技会では70歳が定年となっているが、前述のようにローカル大会はその限りではない。ローカル大会は審判員が足りないので近隣の都道府県からもかき集める。審判員がいないと絶対に成立しない競技であるにもかかわらず、競技人口が増えないために審判も増えないというジレンマを抱えている。

泳げないのに飛び込み部に入部

馬淵が飛び込みを始めたのは12歳、中学入学と同時だった。競技を始めたきっかけは

「入学した神戸の松蔭女学校に飛び込み専用プールがあったから」だと振り返る。

「小さい頃からお転婆でしたので、飛び込み台のついたプールを見た瞬間に〝面白そう〟と入部届を出しました。でも、泳げなかったんです（笑）。顧問の先生から〝泳げないと無理だ〟と言われて、1か月ほど水泳の練習をしてからようやく入部を認めていただきました」

飛び込み競技は「子供のうちに始めるスポーツ」というのが馬淵の持論だ。10メートルの高さに立てば大人は怖がるが、子供は恐怖心よりも好奇心が勝るので〝飛び込んでみたい〟と思うのだという。

「私も中学1年で始めた時は、まったく怖くなかったです。先輩たちが高いところから美しく飛び込んでいるのを見て、早くやってみたくて仕方がなかった。初心者の私は一番低い1メートルの飛び込み板から、それも手からではなく足からの飛び込みの繰り返し。先生に〝早く5メートルから飛ばせて〟と頼み込んでいました。ようやく5メートルの板からOKになったのは、1年生の後半くらいでした」

だが、2年の時に肺結核を患い一時退部を余儀なくされる。すると顧問の先生が毎日のように連絡してきて、「治ったら一緒にやろう」と声を掛けてくれた。馬淵は「こんなに誘ってくれるのだから、私には飛び込みの素質があるはずだ」と確信したという。

娘の体を心配した両親は猛反対したが、結核が完治すると馬淵は部活に復帰した。顧問の先生は「おまえなら絶対にオリンピックに出られるぞ」と励ましてくれた。

「飛び込み部にはヘルシンキ五輪代表を狙っていた高等部の先輩がいて、その先輩にかなり刺激を受けました。代表になるためにはこんな練習をするのかとワクワクして見ていました」

だが、その先輩は代表から漏れてしまった。我がことのように悔しがった馬淵は、次の五輪代表になって先輩の無念を晴らすという強い気持ちで猛練習した。

その甲斐あって馬淵は高等部に進んで間もなくマニラでのアジア大会に出場し、3メートル板飛び込みと10メートル高飛び込みで銅メダルを獲得。そして高等部3年の時にメルボルン五輪の代表に選ばれた。

「中学・高校で私の成績が伸びた最大の理由は、怖がらなかったことです。だからいろんな技に挑戦できました。ジャンプ力もあったほうでした。たまたま私が飛び込み競技に性格的にも肉体的にも合っていたのでしょう」

当時は飛び込み競技を長く続ける選手は少なかった。大学を卒業すると練習環境の問題から競技を引退するパターンがほとんど。女子の場合は結婚を機に離れるケースも少なくなかったが、馬淵は違った。

「私の場合はメルボルンが終わると、次はローマだと背中を押されたし、ローマが終われば次は東京だと言われてやめることができない状態に追い込まれたんです（笑）」

プレッシャーに潰れた64年の東京五輪

「よく〝飛び込み競技は度胸ですか？〟と聞かれるんですが、そもそも度胸がない人は飛び込み競技なんかしませんからね（笑）。度胸があるのは当然として、飛び込みは採点競技ですから、やはり技術だと思います」

馬淵はアジア大会で通算5個のメダルを獲得したが、当時のアジア大会のレベルは決して高くなかった。今でこそ飛び込み競技は中国選手の独壇場だが（21年東京五輪では男女個人種目すべてで中国選手が優勝した）、当時は表彰台を日本選手が独占することも珍しくなく、あとはインドネシアや韓国の代表が上位入賞という状況だった。

「世界的にはアメリカがずば抜けていて、国際大会に行くと〝世界のトップ選手はこんな技ができるんだ……〟と驚きの連続でした。今の選手はしょっちゅう国際試合を経験していますが、当時は五輪に行くと選手も審判員もみんな外国人なので緊張しました。心臓がバクバクして思うように飛べなかったですね」

ローマ五輪ではメダルが期待されていたが、10メートル高飛び込みは11位、3メートル板飛び込みは16位に終わった。

26歳で迎えた自国開催の64年東京五輪ではメダル確実と期待された。ロシアやアメリカへの遠征も経験し、国際舞台にも慣れていたので馬淵にもそれなりの自信はあった。

しかし、3メートル板飛び込みは7位に終わった。

「精神的に弱かった。東京五輪では応援が半端じゃないのでビビってしまいました。競泳やマラソンのように大声援を受けて実力以上に頑張れる競技もありますが、飛び込みはアドレナリンが出過ぎるとマイナスにはたらくんです。いつも以上に頑張ろうとするあまり高く飛び上がりすぎて失敗するパターンもある。〝いつも通りの力〟を出さなくてはいけ

1964年東京五輪の日本代表選手たち（左から２番目が馬淵、６番目が夫の良）

ないタイプの競技です」

馬淵はできるだけ冷静にと言い聞かせて板に立った。しかし、自国開催の応援は予想以上だったようだ。

「シーンと静まりかえってから演技に入りたいのに、いつまでも声援が消えない。飛び込みの最初の種目、しかも日本選手で最初に登場したこともあって、静粛を促すアナウンスも観客に届かない。競技開始のホイッスルもまともに聞こえない中での1回目は考えられないくらいの失敗でした。

午後の2回目も、私の前に飛んだロシアの選手の採点をめぐって中断。飛び込み板の上で20分ぐらい待つことになったのですが、その間も大声援でした。応援してくれる観客を恨みたくなったぐらいです」

実力を出し切れなかった馬淵は東京五輪のあと、出産のために競技を離れる（長女・馬淵よしのは66年2月に誕生）。その後、現役復帰して１９６８年のメキシコ五輪選考会（全日本選手権）では4年ぶりの復活優勝を飾った。

ところが、代表に選ばれなかった。選考会で優勝した直後には多くの祝電が届き、家族で祝杯も挙げたのだが、翌日の新聞に掲載された五輪代表メンバーに馬淵の名前はなかった。30歳のママさん選手を五輪に連れて行くより、経験を積ませるために若手を——という理由だった。

「驚きのあまり腰を抜かしましたよ。水連に訊ねても〝若手育成〟の一点張り。もともと男子3人・女子2人の枠だったはずなのに、男子4人・女子1人になったうえで私が外された。今では考えられない話ですよね。メキシコ五輪には本当に行きたかった。出産を経験して母親になり、少々のことではビビらなくなった。精神的に充実していただけに、メダルを獲る自信もありましたからね」

それから6年後の36歳で現役を引退する。１９７４年にテヘランで開催されたアジア大会の3メートル板飛び込みで銅メダルを獲った直後の決断だった。32歳からコーチを兼任しながらも、選手としては国内で20年近くトップであり続けた。だが、選考会で勝っても五輪には出場させてもらえない。そう実感しての引退だった。

審判員の心証で0・5点の差がつく

選手兼任コーチになった時点で、馬淵は審判員資格を取得した。

「引退後はコーチとして飛び込み競技に関わっていくつもりでした。その時に審判員としての視線を備えていれば、〝こういう演技や姿勢、態度だと減点される〟といった指導もできる。採点競技ですから、そういうアドバイスは非常に重要です。

審判員に嫌われたら0・5点は損します。その程度の差は審判員の裁量です。審判員に笑顔で挨拶できるだけでも違う。例えば〝7・0点か7・5点かで迷うような演技〟の場合、そうした心証で0・5点の差がついてしまうこともあるわけです」

馬淵は中国の国内大会に審判員として派遣されたことがある。その時には選手の関係者からお土産を渡されたり、食事に招待されたりして閉口したという。

「賄賂のような行為はあってはなりませんが、飛び込み大国の中国では〝少しでも審判の印象を良くしよう〟という考えが徹底されていると感じました」

日本水連が公認する審判員資格はA級、B級、C級の3種類。審判員となるには資格審査を受け、まずC級審判員の資格を取得する。

「競技経験者であればさほど難しいものではありません。大会で審判員の後ろに座って模擬審判をやる。その採点を提出し、審判員と大きく点数が違う場合には説明を受けます。正しく採点できるようになると、審査会に推薦されてC級審判員の資格審査を受けられる。飛び込み競技をしていた者ならほとんど合格するような簡単な試験です」

公式競技で経験を積むことでB級、そしてA級と昇格できるが、要する期間は現役時代の実績によって変わってくるという。B級へ昇格するために必要なC級の実務期間は通常4年以上だが、全国大会上位入賞者は1年に短縮される。B級からA級も実務期間はやはり4年以上だが、全国大会上位入賞者は2年、国際大会の代表経験者は1年に短縮される。そのため馬淵はわずか2年でA級審判員となった。

採点競技だけに、「評価にミスがないこと」が昇格の重要な条件とされる。

「〝この難易度でこの演技なら何点〟という基準はありますが、審判員にはある程度の採点幅が認められています。ただし、大きく逸脱する採点が多いと、〝もう1年、B級を担当してください〟と、昇格が見送られることがあります。

これはセンスの問題だと思います。審判歴が長いにもかかわらず、他のみんなが6・5点を出しているところで、1人だけ4・5点をつけてしまう審判はいます。誰にも年に1回くらいはそういうことはあるんです。着水まで2秒程度の競技ですから、それこそ一瞬よそ見をしてしまったとかね（苦笑）。ただ、いつも他の審判員と乖離《かいり》があれば、やはり評価は低くなってしまいます。そうした審判員は、自分の中に〝いい飛び込みのイメージ〟を持っていないのでしょう。特に1人だけ低すぎる点数をつけるのは飛んだ選手に失礼です。高ければ腹は立たないでしょうが、低いと選手が〝何が理由で減点されたのか〟と演技に迷いを生じさせてしまう」

国際審判員は50歳未満のA級審判員の中から日本水連が世界水泳連盟に推薦する。4年に一度の五輪開催年に3日間にわたってルールや実技の講習会があり、国際審判員と候補生（推薦された審判員）が一緒に参加する。馬淵は引退から2年後の1976年から20年以上、国際審判員として世界中の大会に派遣された。

「競技中は審判長が反則の説明をする以外は英語で話すことはありませんが、採点表などの書類はすべて英文。ミーティングや講習会なども英語で行なわれます。私は大学で英語を学んでいたので（関西学院大学英文科卒）不自由はありませんでしたが、国際審判員には英語が不可欠でしたね」

完璧な入水は「音」でわかる

飛び込み競技には弾力性のある板を利用する板飛び込みと、高さ10メートルの台から跳躍する高飛び込みがある。男子は6本、女子は5本の異なる演技を行ない、フォームの美しさと演技の正確さを競う。

その演技を7人の審判員（日本選手権以外の国内大会は5人でも認められている）が「踏み切り」「空中姿勢」「入水の技術や美しさ」で総合評価し、演技全体の印象を10点満点で採点する。完璧なもの（10点）、非常に良好なもの（8・5〜9・5点）、良好なもの（7・0〜8・0点）、完成したもの（5・0〜6・5点）、未完成なもの（2・5〜4・

5点）、失敗したもの（0・5〜2・0点）、まったく失敗したもの（0点）という基準だ。

また、事前に提出された演技種目に応じて「難易率（難易度＝難しさの割合を示す係数）」が決まっている。

「採点は10点満点からの0・5点刻みの減点法です。まず全体の印象を評価したうえで、演技内容で減点する。技には理想的な形があり、それとどの程度ズレているかで減点しますが、その基準は審判員の研修会で何度も講義を受けます。減点がなくスッと入水したら8・5点以上になります」

7人のうち高得点の2人と低得点の2人（審判員が5人の場合は上下各1人）を除く3人の採点を合計し、それに難易率を掛けた数字が演技の点数となる。

難しい技に挑戦するのと、簡単な技を完璧にこなすのとでは、どちらが得点は高くなるのだろうか。

「やはり難しい技に挑戦したほうが点数は伸びやすい。近年は難易率の高い技に挑戦する傾向が強まっていて、いかに難しい技をどれだけ完璧にこなすかの勝負になっています。これは体操競技などでも同じだと思います」

難易率は宙返り、空中姿勢、ひねり、踏み切り、入水の要素に基づき、公式によって算出される。2023年競技規則には、この要素を組み合わせた演技種目が板飛び込みには99種類、高飛び込みには134種類ある。

すべての演技種目は3桁もしくは4桁の数字とアルファベット1文字の種目番号で表示される。例えば「前宙返り2回半蝦《えび》型」は105B、「後踏切前宙返り3回半抱型」は407C、「後宙返り2回半1回半捻《ひね》り蝦型」は5253B——といった具合で、難易率は最低1・2から最高4・8まで設定されている（新たな組み合わせで最高は更新される）。

選手は事前に演技種目を記入した「ダイブシート」を提出する。会場にもこれから演技する種目番号が表示され、審判員は回転やひねりが演技種目通りに演じられたかを採点する。

「いろいろな要素が絡むので、〝厳密に正確な点数〟を採点するのは難しい競技です。それでいて0・01の差で勝ち負けが決まる。つまり、1人の審判員が0・5点高くつけていたら順位がガラリと変わっていたということもある。だからこそ審判員の責任は重い。私も現役時代は何度も悔しい思いをしましたから、緊張して採点しています」

10メートル高飛び込みで約2秒。この短い時間の演技で得点を大きく左右するのは入水だという。入水にはベストの場所があり、それを外れると前にかかっている、もしくは後ろにかかっていると判断される。

「決まった場所に入水すれば確実に6点以上は出ます。それに加えて回転のスピード、足先まできれいに伸びていたとか、姿勢がよかったなどをチェックします。

入水時の〝しぶき〟も採点において重要な材料です。視覚的に〝ノースプラッシュ（しぶきがあがらない入水）〟がベストですが、水面の一点に体が垂直に入ったかは聴覚的にわかります。テレビの中継映像は演技全体がよく見えるものの、入水の音が聞こえにくいのが残念です。ぜひ、実際に会場で入水時の音も楽しんでいただきたいですね。

美しい入水音は選手ごとに特徴があります。玉井君は〝シュッ〟という音ですね。中国人選手は〝ピッ〟と竹を割くような音がする。近年の国際大会で中国選手が〝ピッ〟と入水したら、おそらく減点する要素はほとんどありません。回転は速いし、足はきれいに伸びている。それほど見事な演技です」

国際試合でも〝えこひいき〟が常態化

「ジャッジ」と呼ばれる審判員7人はプールサイドの左右に分かれ、入水地点を真横から見るような配置につく。そこに据えられた座面高2メートル以上の椅子（1メートル板飛び込みは通常の椅子）に着席する。審判は手元の自動記録装置で得点を入力し、それが瞬時に場内の電子掲示板に表示されるが、その採点は審判員から見えない。どの審判員が何点をつけたか、互いにわからないようにするためだ。

7人の審判員とは別に「レフェリー」と呼ばれる審判長もいる。競技を統括する責任者で、笛で合図して競技の進行を促す。また、ジャンプや助走などにルール違反があればそれを指摘するのも審判長の役割だ。

「飛び込み台の上に立つと、左右に審判員が目に入ります。私は現役が長かったので、〝あの審判員は評価してくれている〟とか、〝あっ、いつも低い点をつける審判員だ〟というのがわかりましたね」

基本的に審判員は元競技者なので、先輩後輩の関係も影響しがちだという。

審判員は飛び込み台の真横から採点する。演技時間はわずか2秒足らず

「私は（飛び込みがあまり盛んではない）関西学院大の出身だったので、審判員に先輩がいるということは滅多にありませんでしたが、〝早大閥〟や〝日大閥〟はありましたし、特に日体大の出身者は多かったですね。飛び込み台の上から眺めて〝審判長を含めて日体大が3人もいる。今日は負けたなぁ〟と思ったりもしましたよ（苦笑）。

日本選手権では出場選手と同じ大学の出身者であっても審判ができます。そんなことを言い出すと審判員が足りなくなってしまいますし、採点競技である以上、身びいきがあるのは仕方ないと割り切っていました」

国内でもこうなのだから、国際大会ともなるとさらに激しくなる。

「現役時代に採点競技のつらさや理不尽さを感じていたので、自分が審判員になったら公平に点数をつけないといけないと心掛けていました。それでも国際試合では日本人選手にいい得点をつけてあげたいと思ってしまうものです。

それはどこの国の審判員も同じだと思います。12人が出られる決勝では自国選手が出場している審判員は除外されますが、予選と準決勝では自国の選手の審判員を務めることもあります。もちろん他国選手の演技に対して故意に点数を下げることはありませんが、日本人選手にはどうしても採点が甘くなる。決勝で自国選手の審判ができないというルールは、言い換えると〝えこひいき〟が常態化しているともいえますね」

ジャッジ7人のうち高得点2人、低得点2人を除外した3人の採点が採用される。そのため〝上から3番目の採点者となったうえで高得点をつける〟というのが〝身びいき審判員〟の技術なのだという。

「そうはいっても、誰がどのような点数をつけたかは後でわかりますからね。ペナルティのようなものはありませんが、あまりに露骨な審判員は次の国際大会には呼ばれなくなります。

近年は中国選手が圧倒的に強いので、英国や米国の審判はどうにかして中国選手の点数を抑えようとしている印象があります。だから中国選手がミスをすると大減点、逆に完璧な演技をしても10点満点にはならない。ところが決勝には中国だけでなく、英国や米国の選手も残るので、それらの国の審判員は除外される。すると、予選や準決勝では出なかった満点がバンバン出たりする（苦笑）。国際試合では予選と決勝の点数の違いを見るだけでも、〝採点競技の裏側〟を感じられるかもしれませんね」

選手から「リスペクト」される審判員とは

採点競技では、選手と審判員の接触は基本的に禁じられている。

国内大会はそれほど厳しくないものの、五輪や世界水泳などの国際大会では控室からプールへの動線も選手と審判員で異なる。もちろん宿泊ホテルも別々だ。審判員の採点が順位を決めるだけに、非常に神経質にならざるを得ないのは当然だろう。

採点競技は「選手と選手の競い合い」だけでなく、「選手と審判員の戦い」という性格を帯びる。それだけに選手から審判員への信頼や敬意がないと、競技が成立しなくなる恐れさえある。馬淵は「審判員には一定の競技実績があるので、選手からリスペクトされていると思います」と語る。

「ある大会で私だけ他の審判員より2点以上高い点数をつけたことがありました。決して採点ミスなどではなく、私としては素晴らしい演技だった。もちろん私の採点はカットされましたが、その演技をした選手が試合後に〝馬淵先生に評価されて自信になりました〟とわざわざ言いに来たんです。私は〝いい飛び込みだったからあの点数をつけただけです〟と説明しましたが、選手からすれば〝あの審判員が評価してくれた〟と受け止めてくれたのでしょう」

多くの採点競技では「他者の演技と比較しない」ことが原則となっている。飛び込み競技では審判員の頭の中に「最高の飛び込み」がイメージされており、それに近い演技であれば高い点数がつく（減点が少なくなる）。高レベルの大会であれば10点満点やそれに近い点数が続出する一方で、ローカルの試合では全選手が5点未満ということも珍しくない。

80代半ばになっても少年少女たちを指導する

ただしジュニアの試合では「最高の飛び込み」の基準を下げ、8点台や9点台の高得点、時には10点満点が出るようにしているという。

「ジュニア用の採点基準をルールとして設けているわけではありませんが、審判団の暗黙の了解でそうしているのです。踏み切りの跳躍力は低く、足が伸びてないことも多い。それでも減点の要素をできるだけ少なくして、子供たちのやる気を引き出してあげるのも重要です。もし10点を出せたら一生忘れられません。その子にとってはものすごいご褒美でしょうし、〝飛び込みをやっていて良かった〟と感じてくれるでしょう。審判員たちは温かい目で子供たちを応援しています」

失礼を承知で「採点を間違えてしまったことはあるか」と訊いてみた。すると馬淵は「記憶にない」と即答した。

「満点を出せるような素晴らしい試合とか、粒ぞろいの選手が次々出てくると、審判をして〝あの試合は楽しかった〟と覚えていますが、大きな失敗したと感じたことはありませんね。10点満点というのはなかなか出ませんが、そんな演技に立ち会えた時は審判として嬉しくなります。もちろん3点や4点ばかりの試合もありますが、やはりレベルの高い試合の審判はやっていて楽しいですね」

選手と審判員の〝点数ギャップ〟

多くのスポーツで導入されている映像判定。「最高の飛び込み」を機械が決め、跳躍の高さや角度、回転スピード、水しぶきの量や音を測定すれば公平な判定ができるのではないか。採点競技の代表格ともいえる体操競技では、2023年の世界選手権（ベルギー・アントワープ大会）から、全種目でAIによる採点支援システムが導入された（審判団の意見が食い違った時と、選手からの問い合わせ時に参照する）。

だが、現状では飛び込み競技で導入の動きはない。

「先に説明したように、飛び込みの採点では〝演技全体の印象〟が最重視されます。コマ送り映像は演技を細分化して解析するには優れているかもしれませんが、全体の印象は審判員の目で判断するしかありません。

ただし、10メートル高飛び込みの足元などは映像確認を導入してもいいと思います。先端で2度飛び上がると〝危険な行為〟として2点の減点となりますが、審判員席からは肉眼ではっきり確認できません。確認できないまま減点されてしまうケースもあるので、足が台から離れたらライトが点くようにしたらどうかと提案する審判員もいます。採点の概念を守る前提であれば、テクノロジーの導入は考えていいと思います」

フィギュアスケートなどでは「ビジュアルも採点に影響する」という噂がまことしやかに囁《ささや》かれてきた。飛び込みでもそうした話はあるのか馬淵に訊ねたところ、「女子の試合で男性審判員が〝あの子は美人だね〟なんて言っているのを聞いたことがあります。採点が甘くなっているのかもしれません」と苦笑いするが、こう続けた。

「スタイルがいいと動きがシャープになりますが、背が高いと不利になる。飛び込み台から入水までの空間はどの選手も同じですから、空間を有効に使うには小柄なほうがいいでしょうね。私も現役時代に〝もう少し背が低いほうがよかったのに〟と言われましたが、身長は変えようがありません。もちろん体重が重くてもダメだし、胸やお尻が大きいと入水が難しくなる。男子選手のほうが入水姿勢はとりやすいでしょうね」

あらゆる採点競技で技の進化が著しい。馬淵が選手として出場した64年東京五輪の際には、体操の日本代表選手が当時の最高難度（C）を超える技を繰り出し、「ウルトラC」と命名された。それから60年が過ぎた今ではG、H、I難度まで登場している。

当然、飛び込み競技でも審判員が技の進化に追いついていかなければならないが、採点の難しさはどのような点にあるのだろうか。

「技の難易率は決まっていますし、事前にどういう技で飛び込むのかも提出されます。組み合わせとしては新しくても、回転や踏み切り、空中姿勢、ひねりといった個々の要素は同じ。それぞれの姿勢の美しさを判定することに変わりはないので、採点そのものは競技経験者であれば難しくはありません。

難しさがあるとすれば、選手と審判員の〝点数ギャップ〟かもしれません。私も選手時代に〝なぜこの程度の点数なのか〟という思いをたくさんしました。国際試合では国によって審判が辛くなったり、甘くなったりする。だからこそ公平に判定しないといけない。私が減点を0・5にしたばかりにメダルを逃したとわかると本当に気の毒に思う。だからこそ選手も納得できる採点が必要なのですが、簡単にはギャップは埋まりませんね」

採点競技では、審判員のつけた点数をめぐって物議を醸《かも》すケースは後を絶たない。2022年冬季五輪（北京）ではスノーボード男子ハーフパイプ決勝で平野歩夢《ひらのあゆむ》の2本目の滑走が低い点数になったことが問題になった。平野は3本目で最高点を記録して金メダルに輝いたが、インタビューで2本目の点数について問われ、「納得はいってなかったけれど、怒りが自分の中で（3本目に）うまく表現できた」と答えた。

選手としても審判としても日本を代表する立場であった馬淵もこう本音を漏らす。

「現役時代は同じ水泳競技でも、どちらが先にゴールしたかで勝ち負けが決まる競泳の選手を羨ましく思ったものです。〝タイムで順位が決まる競技は審判員のえこひいきがないのに……〟と恨みました」

それでも馬淵は、「やはり生まれ変わっても飛び込み競技に関わりたい」と言う。

「娘と一緒にフィギュアスケートをテレビ観戦していたんですが、娘は〝もう採点競技はやりたくない〟と言っていました。でも、私はやっぱり飛び込みをやると思います。昔はなかったですが、2人1組で演技するシンクロ種目も登場したし、20代の頃の体に戻してくれるなら今すぐにでも挑戦してみたい。失敗したら痛いし、怖いし、寒い。大変なスポーツですが、それでも飛び込み競技は楽しい。もちろん、引退したら審判員もやりますよ。娘からは〝変わっているわねぇ〟と言われてしまいましたけど（笑）」

第7章

審判は選手自身、私はルールブックの遂行者

ゴルフ競技委員　門川恭子

門川恭子（かどかわ・きょうこ）

1972年、滋賀県生まれ。ゴルフを始めたのは高校卒業後の18歳。研修生を経て23歳でプロテストに合格した（1996年入会・68期生）。ステップアップでの優勝歴はあるが、レギュラーではなかなか結果が出なかった。2012年にJLPGAの競技委員となる。R&A主催のレフェリースクールの最高ランク「レベル3」合格者のひとり。（本書発売時点で51歳）

森田理香子に圧倒されてプレーヤーに見切り

「セルフジャッジの競技」といわれるゴルフ。そのため野球やサッカーのような「審判員」は存在しない。プロのトーナメントでもコースにいるのはプレーヤーとキャディだけ。プレー上のすべての責任はプレーヤーが負い、ペナルティも自己申告する。

他競技の「点数」に相当する「スコア」も同様だ。マーカーを務める同伴競技者がプレーを確認し、スコアもマーカーが記入する。それをプレーヤーが確認し、署名して提出することでスコアが成立する。

だが、同伴競技者がすべてのプレーを確認できるわけではない。また、自然を相手とする競技であるため、想定外の状況も生じる。そこでゴルフ競技にはプレーヤーをサポートするために「競技委員」が存在する。

彼らはルール違反を監視・指摘するのではなく、競技中にルールに関して判断が難しい時に対応したり、ルールに関連したトラブルを未然に防いだりする役割だ。いわば競技の円滑な進行・運営を司る「立会人」ということになる。

テレビのゴルフ中継を見ていると、池ポチャした後などのプレー再開時に無線機を手にして、ドロップ位置を指示している人を見かける。彼らが競技委員である。

ＪＬＰＧＡ（日本女子プロゴルフ協会）には、公認競技委員が15人ほどいる。１９９６年のプロテストに合格した（68期生）門川恭子もそのひとりだ。２０１２年にＪＬＰＧＡの競技委員となった。

「その前年（11年）にも受験したのですが、勉強不足でルールテストがまったくできなかった。私を含めて応募者は３人でしたが、私１人が落ちてしまいました。それでもＪＬＰＧＡから協力競技委員（競技委員のサポート役）をやってみないかと打診され、１年間の研修期間を経て、翌年合格できました」

滋賀県彦根市出身の門川がゴルフを始めたのは高校卒業後の18歳。高校時代は県立八幡商業高校の漕艇部に所属し、琵琶湖でボートを漕いでいた。

「運動には自信があったので、プロスポーツの道に進みたいと思っていました。当時は岡本綾子さんがプロゴルファーとして、伊達公子さんがプロテニスプレーヤーで活躍されていました。ボートをやっていたので競艇選手も考えたんですが、当時は体重が70キロを超えていたので諦めざるを得なかった（苦笑）。ゴルフかテニスかで迷いました。悩んだ末に〝ボールが止まっているゴルフのほうが簡単かな〟と始めたのに、こんな難しいスポーツはなかったですね」

当時、エリエールが募集していた研修生に応募したところ合格。その6期生としてプロを目指す。1年後、先輩研修生から紹介してもらったのが福島県のゴルフ場（ローレルバレイCC）だった。

「関西の生まれだったので、寒かったですね。冬は雪が降ってゴルフができないので、スキー場でアルバイトをしていました。おかげで足腰が鍛えられました。福島県には19歳から移り住み、23歳の時にプロテストに合格しました」

しかし、プロではなかなか結果が出なかった。1年目（1997年）は2試合に出場したが、いずれも予選落ち。4年目（2000年）は13試合に出場するも6試合で予選落ちし、同年の獲得賞金は257万3350円。その後も芳しい成績は残せず、賞金ランキングは04年（27試合出場）の68位が最高だった。

そんな門川に千載一遇のチャンスが巡ってきたのはプロ14年目の2010年。前年の

QT（クォリファイングトーナメント＝翌年のツアー出場資格を決める試合）ファイナルで36位となり、レギュラーツアーの出場権を手にしたのだ。そして開幕2戦目の「ヨコハマタイヤPRGRレディス」では初日に4アンダー・2位タイの滑り出し。2日目は最終組で初日首位のプロ2年目・森田理香子（13年の賞金女王）と同組でラウンドした。

しかし、その日がツアープロを諦めるきっかけになってしまった。

「数ホール回っているうちに〝もうゴルフはやめよう〟と思いました。私が2打目をユーティリティで打っているのに、森田はずっとショートアイアン。〝これは勝負にならへん〟と挫《くじ》けました」

この2日目に77を叩いて順位を大きく落とし、最終日も振るわず結果は初日と真逆の下から2番目（49位タイ）に終わる。このショックを引きずりながら転戦し、1年間フル参戦（24試合出場）するも予選落ちは実に17試合。年間賞金ランクは99位だった。

「シーズン終盤は〝もうプロではやっていけないな〟と落ち込んでいた。そんな時に友人から、〝一緒に（競技委員を）やらない？〟と声を掛けていただいたんです。プレーヤーに見切りをつけて、迷うことなく応募しました」

朝5時集合でコース確認

ゴルフ規則では委員会を「競技またはコースを管理する人、またはグループ」と定義している。そのため競技委員の仕事内容は多岐にわたる。シーズンが始まるとほぼ毎週のように全国各地で試合が開催される。選手と違って予選落ちがない競技委員のスケジュールは多忙を極める。

2024年のJLPGAツアーは沖縄で開催される「ダイキンオーキッドレディス」(3月)を皮切りに、「ツアーチャンピオンシップリコーカップ」(11月)まで37試合あり、加えてステップアップツアー20試合とレジェンズツアー6試合がある。この63試合すべてを約15人の競技委員でカバーし、基本は競技委員長1人を含む6人1組で1つの大会を担当する。

「さらにプロテストやQT、小学生の大会もあるので、全員がフル稼働しても足りず、4人や5人でカバーすることもあります。おおよそ月に1回程度の空き週(休み週)ができるようなシフトになっています」

1週間のスケジュールもタイトだ。4日間競技では火曜日が公式練習日、水曜日にプロアマが開催される。試合は木曜日と金曜日の2日間が予選ラウンドで、土曜日と日曜日が決勝ラウンドだ。

「6人のうち2人が月曜日から現地入りし、あとの4人は水曜日に合流します。マンデー（月曜日開催の予選会）があれば、先乗りする2人は前日の日曜日にコース入りしますから、最終日の日曜日まで8日間もコースにいることになりますね」

試合の日は第1組がスタートする2時間前の朝5時までにコースに到着。6人のうち2人が朝食を済ませている間に、4人はアウトとインに分かれてグリーンコンディションを確認する。勝敗の鍵を握るパッティンググリーンに不整箇所がないかどうかの確認は、何より優先されるのだ。

「夜のうちに野生動物が走ったり、掘り返したり、あるいは鳥がついばんだりしてグリーンが荒れていないかを調べます。トラブルがあれば予定していたロケーションにカップを切れないため、朝イチで確認しなくてはなりません。

問題なければ〝今日のピン位置でOK〟と報告し、選手やキャディに配る〝本日のピンポジション〟を印刷する。それが終わると4人が朝食をとり、スタート1時間半前に全員がカートに乗ってコースをチェックします。プレー中の選手がトラブルに遭遇しないように、競技委員の手ですべて確認しておかないといけません」

1番と10番のティーイングエリアでスタート前の選手に提出用スコアカードを配布するのも競技委員の仕事だ。アウトは協会理事が、インは競技委員長が担当するケースが多い。また、試合中は競技委員長がクラブハウス周辺に待機し、コース内で待機する競技委員に無線機で指示する。

「残り5人の競技委員のうち2人は、スタート前にアウトとインに分かれてもう一度グリーンの確認に回ります。今日のピンが正しい位置に切られているか、グリーン周りに不整箇所がないかなどを確認するとともに、翌日のピン位置の状況を把握しておきます。暗くなってしまうと確認できなくなるので、前日のうちにチェックする必要があるのです」

基本的に4日間のピン位置はセッティング担当者が決める。だが、天候や気温の変化でグリーンが硬くなる（速くなる）と、想定した場所に切れないケースもある。だからこそ、競技委員が最終確認するのだという。

「例えばヤマハレディスを開催する葛城《かつらぎ》GC（静岡県）のように傾斜がきつく、グリーンを速く仕上げてくるコースでは、ピンポジションを決めにくい。カップ位置によっては球が止まらない状況になってしまうので念入りな確認が必要です」

残りの3人は手分けしてその日のティーセットやバンカーに動物の足跡があったり水が溜まったりしていないか、フェアウェイに水が浮いていないかなどをスタート時間までにチェックする。第1組の選手がプレーする前に、競技委員にはやることが山のようにあるのだ。

質問は〝どうしましたか？〟から始める

試合が始まると5人の競技委員がアウトとインに分かれ、競技委員のプレートがついたカートで待機する。手には無線機、耳にはイヤホンを装着し、各ホールに散らばっているスタッフからの〝出動要請〟に備えて待機する。

「競技委員長は基本的にクラブハウスの近くにいますが、いつでもカートで駆け付けられる状態にあります。競技委員長も含めて6人が待機し、トラブル現場に最も近い競技委員が急行する体制になっています」

プレーヤーではルール適用が分からなかったり、イエスかノーかの微妙なケースが生じたりした際に判断するのが競技委員の役割だが、ゴルフのルールは非常に複雑なので、かなりの頻度で呼ばれる。

「1日に10件、20件も呼ばれることもあります。特にコースの状態や天候によってルールの適用が難しくなることが多い。一方、コース状態が良ければ1日に1～2件で終わることもあります。ペナルティエリアが多い、カート道やテレビ中継のアンテナといった動かせない障害物が多いコースも出動要請が増えます」

無線で「何番ホールでルーリング（判定）。××選手が呼んでいます」と入る。すると、一番近くで待機している競技委員が応答して現場に急行する。基本的には現場に向かった競技委員が判断するが、さらに他の競技委員も呼んで協議するケースも年に1～2度あるという。

「最初にやることは状況の把握です。競技委員が先入観を抱いて向かうとミスジャッジを招きます。プレー進行を滞《とどこお》らせないよう短時間で終わらせたいところですが、それでもあえて当事者の選手や同伴競技者には〝どうしましたか？〟の質問から入ります。

急がせてしまうと、プレーヤーは目の前にある状況だけを説明しがちです。そして判定を下した後になってから〝（競技委員が来る前に）一度、球を拾い上げていた〟なんて話が出てきたりする。状況を把握するためには、その状況に至った経緯を丁寧かつ正確に聞く必要があるのです」

最近のプレーヤーの特徴は、同伴競技者があまり関与してこないことにあるという。

かつては救済を受ける場合に〈マーカー立ち会いのもと〉という規則があったが、2019年のルール改訂でマーカーの立ち会いの規定はなくなった。

「したがって選手本人とそのキャディからの説明でジャッジすることになりますが、プレーヤーだけの情報では判断が不正確になってしまうことがあります」

そのような場合、正確に判断・決定するためにマーカーや同伴競技者、付近にいたギャラリー（観客）に訊ねるケースもある。

例えば砲台グリーンのホールでは選手たちからグリーン面は見えないので、先にショットした選手のボールに次の選手のボールが当たっても、選手やキャディにはわからない。

グリーン上でボールが当たり、テレビカメラのモニターでその場所を確認する競技委員

2人ともグリーンに上がって初めて、ギャラリーから「2人目のボールが当たった」と知らされる。この場合は先に打たれたボールを〝元にあった位置〟に戻してプレーを再開するが、選手はその場所がわからないため、競技委員を呼ぶことになる。

「複数のギャラリーに聞き取りして確認したうえで、どのあたりに戻すかを判断しますが、結構大変です。〝もっと近かったぞ〟とか、〝いや、それより遠かった〟と意見が割れたりすることもあります」

競技委員が試合会場や中継で注目されることは滅多にないが、トーナメントの最終日・最終組から呼び出しがかかるとテレビカメラに囲まれる。最も緊張する場面だという。

「カメラは怖いです。説明がマイクに拾われるので、間違った用語を使わないように、選手に対して威圧的に聞こえないように……と、ドキドキしながら対応しています。その場にいる選手は説明を理解してくれていても、テレビ中継を観ている人はいろんな受け止め方をしますから、言葉には細心の注意を払います。選手が状況を説明する言葉を私が復唱して、丁寧に再確認します。こういったシチュエーションを常に想定し、落ち着いて言葉を発するように心掛けています」

ペ・ソンウの〝ホールインワン未遂〟

「競技委員をしていてつらいことはあるか？」と訊ねると、門川は「そう感じることは多いです。自分がつらいというより、選手たちに対してですが」と答えた。

門川に限らず競技委員はプロゴルファー出身者だ。一打一打に集中したい状況の中、プレーを中断させて状況を質問する。それが選手にとって重い負担になることは痛いほどわかるという。

なかでも競技委員が〝悪者〟に思われてしまうのはスロープレーの対応だ。アウトオブポジション（前組との間が開いている状態）の定義は明確に決まっており、競技委員はそれから遅れていないかの確認を行なう。スロープレーが改善されなければ罰打がつく。

「ペナルティにならないように進行を促すわけですが、選手のメンタルの部分もわかるので、穏やかに〝頑張ってペース上げていきましょうね〟と言うようにしています」

それでも競技委員たちは、無線で「第△組が遅れているから声を掛けてください」「前の組と2ホールも開いたからイエローカードを出します」「アウトオブポジションなのでプレー時間の計測に入ります」と進行を促される。

「競技委員は罰打を科すためにプレー時間をコントロールしているのではありません。スタート時の間隔を保ちつつ、出場する全選手が公平な条件でプレーさせるためです。時間をかける選手と、時間を守ってプレーしている選手がいたら公平性が担保されなくなる。だからスロープレーには厳格である必要があります」

ただし、そうした中でも気遣いが大切だと語る。

「選手もプレーに集中していて、気が張り詰めているので、〝遅いですよ〟〝ペナルティになりますよ〟と言ってしまうとカチンとくるでしょう。だから〝前の組がいないですね〟というような声掛けをしています。

遅れているかどうかは、ミドルホール（パー4）のティーイングエリアが一番わかりやすい。前の組がセカンド地点どころかグリーンにも姿が見えなければ、まるまる1ホール離されていることが選手の目からも明らかです。そこでティーショットの前に、〝前の組がいないですね。頑張ってペースアップしてください〟と伝えるようにしています。競技委員の姿を見ただけで過敏に反応する選手もいますから、声を掛けるタイミングは難しいですね」

ゴルフが他のスポーツ競技と異なるのは、前述したように「審判はプレーヤー自身」という点にある。競技委員はあくまで選手によるジャッジのサポート役という立場だ。

「ゴルフの審判は誰かというと、〝ゴルフ規則（ルールブック）〟です。選手が競技委員という〝人間〟を尊重するかどうかではなく、ルールブックを尊重することが重要なんです。なので私は選手から不服を訴えられても、最終的には〝ルールにはこう記されています〟と言ってルールブックを見せ、〝規則書にあることは覆りません〟と伝えます。〝私に従いなさい〟ではなく、〝ルールに従いましょう〟が大前提なのです」

それを象徴する場面が、2023年の日本女子オープン3日目にあった。7番パー3でペ・ソンウのティーショットが美しい放物線を描きながら直接カップに飛び込み、〝ホールインワンだ！〟と歓声が上がった。

ところがグリーンに行ってみるとボールはカップの縁に突き刺さった状態で、8割方カップ内にあったものの一部はグリーン面より上の高さだった。競技委員による確認が行なわれた結果、「ホールインワンではない」と判断され、ペ・ソンウは残念そうな表情でカップ横にリプレースし、第2打となるバーディーパットを決めた。

門川はこの場面には立ち会っていなかったものの、同じコースで競技委員を務めていた。

「別の場所で遅れていた組の計測をしていましたが、イヤホンから入ってきた情報を聞き、〝これは滅多に見ないケースが起きているぞ〟と感じていました。規則書の事例には〝ボールがカップ内側の側面に食い込んだ場合、ボールのすべての部分がパッティンググリーン面より下でなければホールに入ったとみなされない〟とあります。ボールがピン（旗竿）に寄りかかっている場合は、ボールの一部がパッティンググリーン面より下にあればホールインと認められますが、カップの壁面に食い込んだケースではボール全体がパッティンググリーン面より下にないとダメなのです。

もっとも、実に稀なケースですからペ・ソンウ選手が〝これはホールインワンでしょう〟と主張したのも仕方ありません。普段は穏やかでルールもよく理解しているプレーヤーですが、これに関しては〝判定に納得できない〟という様子でした。ですが、英語バージョンの規則書の事例を見せたところ、納得してくれたそうです」

ゴルフは何が起こるかわからないスポーツだが、そこまで想定してルールブックは作られている。そんな〝10年に一度あるかないか〟の状況であっても、競技委員はすぐにルールブックをその場で紐解き、判断しているのだ。

ルール大改訂で知識が追いつかない!

ゴルフ規則は改訂が頻繁に行なわれる。世界のゴルフルールを統括するR&A(英国ゴルフ協会)とUSGA(全米ゴルフ協会)が改訂を決めると、JGA(日本ゴルフ協会)がそれを翻訳してホームページなどで発信する。こうしてゴルファーたちは世界共通のルールでプレーすることが可能になる。

4年に一度のペースで改訂がなされるが（年に4回ほどのマイナーチェンジもある）、それは競技委員たちにとって「最も厄介な時期」なのだという。

「2019年の改訂は特に大がかりな内容で、心が折れそうでした。ドロップの方法がショルダーハイ（肩の高さ）からニーハイ（膝の高さ）になったことはアマチュアの方もご存じだと思いますが、このような大きな変更が数多く行なわれました」

ウォーターハザードが「ペナルティエリア」に、スルーザグリーンが「ジェネラルエリア」に名称変更され、バンカーの救済措置が追加されたのもこの19年改訂だ。ルールを簡略化して初心者でも簡単に楽しめるようにすることが目的だったが、ゴルフのルールはプロも初心者も同じ。結果、プロの試合では戸惑いを招いたケースもあったという。

2023年のファイナルQTでは、バンカーからボールが出なかったことに苛立ったプレーヤーが、思わず無意識のうちにクラブで砂を叩く場面があった。

この選手は最終ホールを終えた後、キャディから「○番ホールのバンカーで砂を叩いていたぞ。ペナルティになるだろうからスコアの提出前に確認したほうがいい」とアドバイスされ、スコアカードを提出する前に競技委員に訊ねた。本人は砂を叩いたシチュエーションを明確に覚えていなかったため、「クラブが砂に触れました」とだけの説明だった。

「改めて同伴競技者にも状況を訊くと、〝彼女が怒ってバンと叩いたのよ〟と言うのです。規則書には〝クラブが砂に触れると2罰打〟とありますが、2019年の改訂版には事例として〝イライラして、または怒って砂を叩くことで砂に触れても罰を受けない〟と付記されているので無罰という裁定になりました」

改訂前は「(理由の如何《いかん》にかかわらず)クラブが砂に触れれば罰がつく」だったが、ルール変更によって無罰となったのだ。

こうした頻繁なルール変更はプレーヤーも把握しきれないようだ。2023年の「KBCオーガスタ」のテレビ中継では、最終日に優勝争いに加わっていた宋永漢《ソンヨンハン》のラフからの打球が自分の右足ふくらはぎに当たる映像が流れた。その時に解説を務めていた青木功が「2ペナかも」と話すと、別の解説者が「青木さん、ルールが変わって今は1罰打なんですよ」と訂正するやり取りが話題になった。

実は2人とも間違いだった。19年のルール改訂では「自打球が当たっても無罰」(それまでは1罰打）に変更されていた。23年度までJGTO（日本ゴルフツアー機構）の会長を務めた日本ゴルフ界のレジェンドでさえも情報が追いつかないほど変更が頻繁なのだ。

「時間があればできるだけ規則書の最新事例に目を通すようにしていますが、多くの事例が加わるので理解するのは大変です。試合会場で選手にルールブックを提示して納得してもらえることは少なくありませんが、どこに何の事例があるかを探すだけでも一苦労です」

試合出場者全員が平等にプレーする権利がある。その権利を担保するために、競技委員は規則書に書かれている内容を読み込むしかないという。

「私と同期で競技委員になった方に引っ張ってもらって勉強しました。今や彼女は海外のメジャー大会や五輪の競技委員としても参加

思いがけない状況が起きるスポーツだけに、あらゆるルールを熟知する必要がある

されています。プレーと同じで、熱心な競技委員が近くにいると学べることが多いですね」

競技委員の報酬は「実力主義」

ＪＬＰＧＡでは不定期ながら競技委員を募集しており、門川が競技委員になった当時とは仕組みも変わった。

まずはＪＬＰＧＡ独自のテストを受験し、合格すると競技委員候補生となる。候補生はツアーに関わりながらルールの勉強を続け、ＪＧＡルールテスト（年１回）などを受け、合格基準を満たすと競技委員となる。

ルールテストは四択問題が１００問（１時間）。合格者は正解率によってＳ級（正解率90％以上）、Ａ級（同80％以上）、Ｂ級（同70％以上）の評価となる。受験時には規則書や関連資料の閲覧が認められているものの、例年の平均点は70点前後で、Ｓ級は受験者の5％程度。満点はほとんど出ない。

ＪＬＰＧＡでは勉強会が開催される。コース内でロールプレーを実施し、同僚の競技委員が見ている前で、普段は起こり得ないような状況を説明する。

「説明する時はあがりまくりですが、非常に勉強になります。ルールは日々の勉強が大切。毎年、心を打ちひしがれながら競技委員を続けさせてもらっています（苦笑）」

11月のツアー終了後から翌年の開幕までは、競技委員も束の間のオフを迎える。だが、休息もままならず〝地獄の日々〟を過ごす年もある。先述したR＆Aのルール改訂はまさにこのタイミングで行なわれるからだ。

「2019年の大改訂の時は、それこそ心が折れましたよ。年末に新ルールのテストが控えていたので、シーズンが終了すると受験生に戻った気分で規則書を懸命に読み込みました」

頭を悩ませるだけでなく、競技委員は体力勝負でもある。試合の日は早朝から夜までコースに張り付き、トラブルの連絡を受ければ急いで駆けつける。プロゴルファー時代と変わらず、オフには軽いトレーニングを続けているという。

「2023年のオフはずっと泳いでいましたね。福島に住んでいるので冬はスキートレーニングをやることもあります。現役のアスリートではありませんから、せめて楽しみながら体力づくりをしないと続きません」

ゴルフ界の喫緊の課題は、競技委員不足の解消だという。しかしながら、非常に複雑なルールであるだけに競技ゴルフの経験者でないと務まらない。

「女子ツアーの試合数は毎年のように増えているので、後輩が入ってこないと競技委員が回らない状態になっています。今は、ティーチングプロの方も競技委員になられています」

人員不足は男子ツアーでも同様で、ＪＧＴＯでは２０２３年に「ルールを熟知した一般の人」にも募集をかけている。それほど深刻な問題となっている。

失格判定は「胸が痛くなる思い」

広大なゴルフ場に競技委員は６人だけ。そして何十組にも分かれてプレーする競技の特性上、競技委員があらゆるプレーを目視することは不可能だ。

多くのプロスポーツで導入されつつある映像判定を取り入れる余地もありそうだが、実は課題も多い。

そもそもティーイングエリアとパッティンググリーン以外では、選手がコースのどこでプレーするのか予測できないので、固定カメラで撮影することは不可能だ。もちろん、テレビ中継でもすべてのプレーを撮ることはできない。仮に撮影されていたとしてもシステム上、すぐに競技委員が確認することは難しい。後続組も来る中で、映像確認のために選手を長時間待たせるわけにもいかない。

「問題をできるだけ速やかに解決させないといけないので、〝同伴競技者やギャラリーの情報をもとに〝合理的な判断〟で進めることが基本ですね。ビデオ映像を確認することもありますが、問題の解決はとても繊細で難しいです」

試合後にはすべての競技委員が集まって反省会が開かれる。全員が無線で繋がっているので、自分が関わっていない判定も含めて把握している。また、そのトーナメントで発生したルーリングはすべてにデータとして共有され、競技委員はいつでも閲覧できる状態にある。

「今後、同じようなケースが発生した時に応用できますから、情報共有は大切です。また、〝このコースはこうしたトラブルが発生しやすい〟と事前に知っていれば、翌年の同じ大会で心の準備もできます。

最近はこの共有データベースでも映像や写真が活用されています。例えば、一部コースの不整箇所があり、修理地として認めることを決定したのであれば、その状況の写真を共有し、他にも同じ状態があった際に修理地として認める判断基準として活用しています」ゴルフの審判は選手自身。だからこそ選手たちにはルールに対しても慎重であってほしいと門川は語る。

2023年11月のファイナルQTではプロテストに合格したばかりの高校生プロ・菅《すが》楓《ふう》華《か》が5位でフィニッシュ。24年シーズンの前半戦にフル出場できる権利を獲得したと思われたが、競技終了後にスコア誤記で失格となってしまった。

「その日の競技委員のグループLINEで流れてきたのは、〝ホールアウト後に記者の質問に答えたホールのスコアと、提出したスコアカードの当該ホールのスコアが違っていた〟ということでした」

菅は最終日ホールアウト後のインタビューで、「11番はボギー、14、15番で連続バーディ」と答えた。ところが提出したスコアカードには11番、14番をパーと記入していた（そのためトータルスコアは同じ）。インタビュー内容を知った競技委員会が本人に確認したところ、自ら話していたスコアが正しいと判明。11番ホールのスコアを過少申告していたため失格となった。

「QTでは自分もいやというほど涙を呑んできましたが、これを突破すればツアーに出場する機会が一気に増える。プロゴルファー人生で最も重要な大会です。過少申告で失格になったのは本人の責任ですが、彼女が失格となってしまったことは本当に胸が痛くなりました」

最終プロテストまで進むレベルの選手は、技術だけでなく知識も備えているので大きなルールの誤解が生じることはないものの、一次や二次テストの段階では、現場でルール勉強会を行ない、規則の普及に努めているという。

規則を正しく適用できる準備

ゴルフは他のプロスポーツに比べて選手生命が長い。近年は女子ゴルフで若手の活躍が目立つとはいえ、30代、40代の選手が優勝争いに絡むことは珍しくない。シニアツアーでは男女ともに50代、60代の選手がプロとして競技している。

では、そうした選手たちにルール説明する立場の競技委員に「年齢の壁」はあるのだろうか。

「あると思いますよ。体力的には問題なくても、年齢を重ねると新しいルールがなかなか頭に中に入らなくなります。もっとも実際の経験や事例の蓄積も重要なので、若ければいいというものでもありませんが」

これまでに登場した他のスポーツの審判員たちは動体視力や体力の衰えを感じて一線を退くパターンが多いが、ゴルフ競技委員は〝記憶力〟が重要な要素になるようだ。

「冷静に情報を引き出しの中から出す。これが競技委員の仕事ですが、覚えていたものがどんどん抜けていくので、常に補充していかないとなりません。

ただしルールが大きくチェンジして事例が増えていっても、実際に現場で発生する状況は一つとして同じものはありません。つまり実践を多く体験して高めた経験値を生かしながらジャッジできるかも競技委員の力量だと思います」

プロの競技ゴルファーから競技委員に転身した門川は、〝裏方〟としてゴルフに接する仕事をどのようにとらえているのだろう。今でもプライベートでゴルフを楽しむ門川の答えはこうだ。

「プロゴルファーを目指してゴルフを始めたからか、当時はゴルフが楽しいとは思えなかった。でも、遊びでやるようになったらすごく楽しくなりました。もし生まれ変わったら、プロを目指したりはしないでしょうね。もっとも、プロゴルファーにならないと競技委員になれませんから、競技委員人生にも進めませんけどね（笑）」

門川は他のスポーツ中継もよく観るが、〝職業病〟というべきか審判員に目がいってしまうという。

「プロ野球審判の気持ちは痛いほど理解できます。アウトかセーフの判断が微妙でも即座に判定しなければなりませんが、それがリプレイ検証になって覆った時は同情してしまいます。大相撲の行司さんもそう。際どい勝負は観ているほうは興奮しますが、どちらかに軍配を上げなければならない。そこに土俵下から物言いがついて、何度もコマ送り映像が流された末に差し違えとなってしまったりもする。本当に大変な仕事だと思います。

私も競技委員をやっていて、いろんな状況を踏まえて判断します。競技の種類や男女の違いに関係なく、規則を正しく適用できる準備と責任を持ってフィールドに立たなければならないということですね」

門川は最後に苦笑いを浮かべてこう締めくくった。

「頭をあまり使いたくなかったからスポーツ選手を目指したはずなのに、こんなに勉強漬けの人生を歩むとは想像もしなかったですよ」

第8章

「差し違えたら切腹」で臨む立行司の覚悟

大相撲立行司 第37代木村庄之助（畠山三郎・故人）

畠山三郎（はたけやま・さぶろう）

1950年、青森県生まれ。15歳で上京し、第4代木村玉治郎（後の第27代木村庄之助）に弟子入り。1965年7月場所、木村三治郎として初土俵を踏んだ。木村玉治郎、木村庄三郎、第39代式守伊之助を経て、2013年11月場所で第37代木村庄之助を襲名。9場所務め、2015年3月場所後に65歳の定年を迎えた。引退後、長く空位になっていた庄之助は2024年1月場所で約9年ぶりに復活したが、それを見届けることなく2022年7月に死去（享年72）。

「土俵上で裁くだけの仕事じゃない」

大相撲の「審判」は誰か？　土俵上で東西の力士を合わせて取組を裁き、勝者に軍配を上げる「行司」と、多くの人が思うだろう。

しかし、それは不正解だ。日本相撲協会の審判規則には「審判委員（勝負審判）」の定義があり、それは「相撲協会の審判部に所属する親方衆」のことである。協会HPでも審判部は「本場所相撲における勝敗の判定及び取組の作成も行なう部署」としている。

行司は土俵上での勝負判定を任されているが、微妙な勝負で物言いがついた場合、発言権はあるが決定権はない。土俵を囲むように配された5人の審判委員に判定が委ねられる。

実はその5人の審判委員たちは自分たちの目よりも「機械」を信じる。審判長がビデオ室に待機する審判委員に連絡し、ビデオ室では映像をコマ送りして勝敗を確認する。その結果が伝えられると、5人は土俵上から所定の位置に戻り、審判長が場内放送で勝ち力士をアナウンスする（「同体取り直し」の場合もある）。

行司はそれに従って勝ち名乗りをあげるが、最初の判定と逆の結果であれば「行司差し違え」となる。大観衆の前で誤審を指摘され、自らそれを認める所作をしなければならないのだから、行司にしてみれば屈辱的な瞬間である。

中でも責任重大とされるのは、横綱の取組を裁く行司の最高位・立行司だ。立行司は左腰に短刀を差す。〝差し違えたら切腹する〟という伝統に基づいている。実際に切腹こそしないものの、差し違えた立行司は相撲協会に「進退伺」を提出しなければならない。

その短刀について「第37代木村庄之助」の畠山三郎に訊いたことがある。畠山は少し困った表情でこう答えた。

「〝そういう覚悟〟で土俵に上がっているのであって、実際に判定を間違えるたびに切腹させられたら、たまったものではありませんよ（苦笑）」

行司の序列は最高位の立行司から、最下位の序ノ口格行司まで8段階（高い順に、立行司、三役格、幕内格、十枚目格、幕下格、三段目格、序二段格、序ノ口格）。階級によって装束、履物、軍配につける房の色まで細かく規定されている。

経験・実績に加えて軍配の正確さ、土俵上での作法、さらには土俵外での働きなど、さまざまな評価で番付が上がる。行司名はそれぞれの格ごとに決まっているので、昇格するたびに名前が変わっていく。力士の最高位である横綱の取組を裁けるのは「木村庄之助」と「式守伊之助」の立行司2人だけ。中でも木村庄之助は式守伊之助より格上とされ、担当するのは結びの一番のみ。力士でいえば〝東の正横綱〟に相当する。

実力主義で出世していくので、最高位の木村庄之助が不在となることもある。結びの重要な一番を任せるに値しないと見なされれば襲名はできないのだ。立行司にも降格がなく、昇進の条件を満たす力士が誰もいなければ横綱不在となるのと同じである。

実際、第37代木村庄之助の畠山が2015年に定年退職(65歳)して以来、木村庄之助は長く空席が続き、角界では後継者問題が悩みのタネになっていた。

この〝異常事態〟を前任者としてどう考えているのか。筆者は畠山が退職して7年が過ぎた2022年5月、彼の自宅を訪れた。

「よく聞かれるけれど、私が(後継者を)決めるような話じゃないのでね……。私からは答えられないよ。でも、行司は土俵上だけの仕事じゃないからね。白星、黒星の判定ばかり注目されるけど、軍配裁き、身のこなし、勝ち名乗りなどの一挙手一投足、それに加えて土俵祭りなどの祭事、筆文字などの事務能力も技量審査の対象となる。単に勝ち負けを判定する役割だけではないんですよ」

今思えばこの畠山とのやり取りが、筆者が「審判員」に注目するきっかけだったのかもしれない。それまで数十年にわたって角界のオモテもウラも取材し、数多くの力士や親方に接してきたが、行司には深く興味を抱いたことはなかった。だが、名だたる力士たちの取組を最も近くで見てきたのは行司たちであり、彼らが裁かなければ数々の名勝負は生まれなかったともいえる。

そのことはあらゆるスポーツでも同じだろう。競技＝勝負である以上、勝敗や成績を判定する人がいなければゲームは成立しない。オリンピック、サッカーW杯、プロ野球に高校野球……日本中、あるいは世界中が熱狂するが、その場には審判員の存在が不可欠だ。

大相撲取材の〝こぼれ話〟程度に考えていた畠山のインタビューを機に、審判員の世界に興味が湧いた。

「改めて詳しく話を聞かせてほしい」という依頼に畠山も応じてくれたが、彼への取材は限られた時間しか得られなかった。

最初の取材から2か月後の7月26日、相撲協会は〈（7月22日に）第37代木村庄之助が慢性間質性肺炎のため自宅で亡くなった〉と発表した。72歳だった。

畠山の取材は途中段階で、本書に収録することには迷いもあった。だが、歴代で38人しかいない立行司・木村庄之助の証言は、どうしても記録に残しておくべきだとの気持ちが上回る。「審判員」という取材テーマを筆者に与えてくれた感謝を込めて、畠山の輝かしい功績とその言葉を最終章で紹介する。

〝まわし待った〟と〝水入り〟の違い

最後の取材は畠山が息を引き取る3日前。ちょうど7月場所の開催中で、居間のテレビにはNHKの相撲中継が流れていた。

2か月前の取材時から「体調があまりよくない」とは話していたが、言葉ははっきりしており、決まり手などの説明や用語はもちろん、10年以上前に裁いた取組についての記憶も正確だった。それだけに、まさかこの3日後に訃報が届くとは夢にも思わなかった。

この日の取材で畠山が話題にしたのは、7月場所・中日の結びの一番。照《てる》ノ富士《ふじ》と若元《わかもと》春《はる》の取組だった。若元春のまわしが緩んでいたため式守伊之助が「まわし待った」をかけたものの、声に気づかなかった若元春が、力を抜いた照ノ富士を寄り切ってしまった。審判委員が土俵上に集まり、およそ2分半の協議の末に「待ったがかかった時点の体勢」から再開することになった。そして再開から9秒で照ノ富士が下手投げで若元春を下した。

「審判規定には〝行司は動きを止めて、まわしを締め直させることができる〟とある。だから〝まわし待った〟の判断は間違いではない。でも、力士が動いている時は止めてはいけない。止めると決めたら思い切って声をかけないと」

このタイミングの〝遅れ〟が勝負の再開にも影響したというのが畠山の見解だった。

「どの体勢から再開するかが問題になる。でも、両力士が動いていた状態だから、正確な体勢はわからない。〝待った〟の直前は照ノ富士の左下手が一枚まわし（摑んだまわしが緩み、力が伝わりにくい状態）だったが、再開後はしっかりと摑んだ左下手で転がした。（若元春の）まわしを締め直したのだから、そうなるのは当然です」

畠山が疑問を口にしたのはその再開方法だった。

相撲には「水入り」という処置がある。取組が長時間（4分から5分）におよび、力士が疲労して動きが止まってしまった場合に、審判委員の承諾あるいは指示を受けた行司が両力士の背中を叩いて中断を指示する。行司は力士の足やまわしの位置などを念入りに確認し、力士をいったん土俵から下ろして休憩させる。その後、息を整えた力士が再び土俵に上がり、審判委員や行司の立ち会いで中断時の状態を再現し、取組を再開させる。

だが、照ノ富士と若元春の一戦は「まわし待った」であり、「水入り」とは違う。

「〝まわし待った〟をする際は、土俵上で組み合った状態のまま、行司がまわしを締め直す。ところがすでに力士は動いてしまったから、〝待った〟がかかった時の状態を再現しなくてはならない。審判部長がビデオ室と連絡を取って再現しようとしていたが、〝水入り〟のように中断時の確認が取れているわけではないから、どの形かわからない。

それならば蹲踞《そんきょ》（立ち合い）から取り直す判断もあったのではないか。最終的には審判部の判断だから私が言うのは憚《はばか》られるが、その選択も考えられた」

言葉を選びつつも、立行司・木村庄之助を1年4か月（9場所）にわたって務め上げた自信が滲んでいた。時折、お腹をさするなど体調は悪そうに見えたが、それでも相撲中継を観ながら「この立ち位置はよくないね」と画面に映る〝後輩〟たちに語りかけていた。

北の富士ー貴ノ花の〝かばい手〟論争

畠山が鬼籍に入って1年半後の2024年1月場所、第41代式守伊之助が「第38代木村庄之助」に昇格した。木村庄之助の襲名は、畠山が2015年3月場所を最後に定年退職して以来、実に8年10か月ぶりだった。

かつても定年に伴って木村庄之助が空位になったことはあったが、いずれも数場所のうちに次席の式守伊之助が昇格している。

例外だったのが「平成の名行司」と呼ばれた第28代木村庄之助の定年退職後のケースだ。当時は式守伊之助が不在だったため、「3人いる三役格行司から、勤務状況を評価して選出する」という異例の立行司審査が行なわれた。その結果、式守錦太夫（三役格行司）が式守伊之助を経て、7場所後に木村庄之助を襲名した。

それでもこの時の空位期間は1年2か月だったから、第37代と38代の間の9年近い空白は大相撲の歴史においても異例中の異例だ。木村庄之助への昇格は力士の横綱昇進と同様どころか、それ以上に〝狭き門〟といえる。直近の横綱である照ノ富士は第73代だが、木

1972年初場所「北の富士ー貴ノ花」の一番。土俵についた北の富士（上）の右手をめぐって協議は長引いた（決まり手は「外掛け」で北の富士の勝ち）

村庄之助はほぼ半分の38人しかいない（式守伊之助は41人）。

古くは行司の出世は年功序列だった。だが、1972年1月場所で第25代木村庄之助が退職して以降、相撲協会が成績評価をするようになった。

これには大相撲史に残る大事件が関係していた。

1971年末、相撲協会の経済的基盤を確立した武蔵川《むさしがわ》理事長（元前頭・出羽ノ花）が、技量が不足する行司の引退勧告、土俵態度などの審査を打ち出した。それに反発した第25代木村庄之助以下、全行司がストライキを起こすという前代未聞の行動を起こしたのだ。成人以上の行司が全員辞表を提出する事態にまで発展し、相撲協会は混乱を収拾させるために改革案を撤回。ところが、それから間もない72年1月場所の中日に木村庄之助が謹慎処分となる出来事が起きた。

横綱・北の富士と関脇・貴ノ花による結びの一番。現在でも角界では「つき手、かばい手論争」として語り継がれている取組だ。

得意の外掛けで攻める北の富士に対して、貴ノ花は体勢を崩しながらも弓なりになってこらえ、土俵中央で逆転のうっちゃりを試みた。先に北の富士が手をついたのを見た木村庄之助は迷わず貴ノ花に軍配を上げたが、土俵下の審判委員から「北の富士の手は〝かばい手〟だった」と物言いがついた。

5分に及ぶ協議の末、北の富士の「かばい手」が認められ、行司差し違えで北の富士が勝ち名乗りを受ける。貴ノ花が人気力士だったこともあり、国技館では座布団が飛び交い、相撲協会には抗議の電話が殺到した。

納得しなかったのは貴ノ花ファンだけではなかった。打ち出し後も木村庄之助は「貴ノ花のつま先は生きていた（ので北の富士の〝かばい手〟ではない）」と主張して進退伺の提出を拒否し、千秋楽まで謹慎処分となる。騒動の責任を取る形で翌3月場所前に辞表を提出すると、慰留されることなく受理された。ストライキの〝首謀者〟として協会の心証を悪くしていたことも影響したのだろう。

こうして木村庄之助が引退すると、協会執行部は「行司査定」計画を復活させる。信頼を集めるリーダーを失った行司衆は抵抗の術《すべ》もなく、「審判部や巡業部が考査表を作り、理事会での審査で昇格する」という方針を受け入れるしかなかった。

〝行司の横綱〟である木村庄之助にも「心・技・体」が求められるようになったのはここからだ。

第38代が襲名するまで長く空位になった背景には、庄之助に昇格する予定だった第40代式守伊之助が不祥事を起こして退職したことや、彼の後継として大急ぎで襲名させた第41代式守伊之助に差し違いや土俵からの転落が多かったという事情も重なった。いずれにしても、相撲協会の審査に耐えうる「心・技・体」を兼ね備えた行司が現われなかったということである。

〝選手〟と〝審判〟が共同生活!?

スポーツ競技の審判員は、当該競技団体に属しているか、競技団体から大会・試合ごとに打診・依頼されるパターンが大半だが、行司の世界は全く違う。

行司になるための条件は「義務教育を修了した15歳から19歳未満の男性」だ。

彼らが所属する〝勤務先〟は相撲協会ではなく、それぞれの相撲部屋である。昔は力士を目指して入門したものの体が小さいために行司に転身するパターンが多かったが、近年では最初から行司を志望する者が増えたという。

相撲部屋に入門すると、履歴書や保護者の承諾書、部屋の親方の採用願などを揃えて協会に提出し、行司会と相撲協会の面接を経て協会員になる。ただし行司会には定員（45人）があるので、空きが出ないと採用されない。条件は緩いが、狭き門ではある。

行司の新弟子は最初の1年間は行司会の役員である「行司監督」について行司の基本を教わる。その後の2年間は部屋や一門の先輩行司の指導のもと、さまざまな実務を実践で学ぶ。この3年間が養成期間にあたる。

行司の給料は相撲協会から支払われるが、相撲部屋から〝食〟と〝住〟が提供されるため、幕下格までの月給は10万円足らず。それとは別に装束手当や場所手当が支払われる。昇格・昇給は年1回。毎年9月場所後に勤務評定があり、次の1年間の階級と待遇が決まる。基本的に年功序列だが、力士でいう関取格（十両以上）として扱われる十枚目格以上には22人の定員があるため、行司としての実力も考慮されるようになる。

行司の〝姓〟は「木村」と「式守」の2つ。一門や部屋ごとにどちらを名乗るかは決まっている。入門直後は本名を下の名前に使い、出世していく中で由緒ある行司名を継承して三役格まで進む。そして立行司の式守伊之助、さらに木村庄之助の順で昇進していく。

2023年6月に相撲協会に採用された押尾川《おしおがわ》部屋の式守風之介《かぜのすけ》は、中学1年の時に大相撲中継で式守伊之助（当時。現在の第38代木村庄之助）の所作に憧れて手紙を書いた。それから2年間もLINEでやり取りを続け、中学卒業と同時に伊之助から押尾川部屋を紹介された。押尾川部屋は元関脇・豪風《たけかぜ》の押尾川親方が22年2月に創設した新興部屋で、部屋には行司がいなかった。しかも当時の行司会の定員に空きがあった幸運も重なり、新弟子として採用された。行司になるには熱意、そして時の運が必要なのだ。

第37代木村庄之助の畠山は1965年、中学卒業と同時に入門した。生まれ育ったのは相撲が盛んな青森県上北郡六戸《ろくのへ》町。地元に来ていた大相撲関係者が行司を探していることを耳にし、進学か就職かで迷っていた畠山少年の心は決まった。畠山は当時を「人のやらないことをやろうと思って志した」と振り返っていた。

採用されると、相撲部屋で力士たちと共同生活する。判定の公平性の観点から、ほとんどのスポーツ競技では審判と選手が親しくすることは禁止されているが、親交どころか、一つ屋根の下で両者が寝食を共にする競技は大相撲ぐらいだろう。同部屋の力士には情も移るだろうし、微妙な判定にそれが影響しないとも限らない。

この奇妙で異質なスタイルは、地方巡業を一門単位で催行していたことに由来する。一門内に行司や呼び出しなどの〝裏方〟がいないと巡業ができないからだ。

伝統が変わった時期もある。1958年に巡業が協会の一括管理となった際に、中立・独立を保つ目的で「行司部屋」が創設された。畠山も第4代木村玉治郎（後の第27第木村庄之助）に弟子入りし、高島部屋（現大島部屋）に預けられた。しかし73年に行司部屋は解散し、行司たちはそれぞれの相撲部屋へ帰された。当たり前ではあるが、行司部屋には人気者（力士）がいない。そのため有力なタニマチ（後援者）がつかず、経済的に立ち行かなくなったのだ（先述した「行司会」はこの時に発足）。

中立を掲げて独立したのに、経済的な都合で旧来のスタイルに戻す。〝伝統を大切にする〟といえば聞こえは良いが、〝公平な判定は二の次〟という見方もできる。その意味でも、大相撲の行司は他のスポーツ審判と同列に語れない。

場内アナウンス、相撲字、打ち上げの司会まで

畠山が「土俵上だけの仕事ではない」と話したように、行司の役割は驚くほど多い。年6回（奇数月）の本場所中では土俵入りの先導、決まり手の場内アナウンス、翌日の取組書き、勝敗の記録など。場所中以外でも土俵祭りの祭主、番付編成会議での書記、顔触れ書き……様々な業務がある。新番付の発表時に配布される番付表の元書き（下書き）も行司の担当だ。

そこに所属部屋での事務仕事が加わる。稽古場の掃除、後援会関係者らへの催事案内状や礼状書き、打ち上げや激励会での司会など、挙げるときりがないほどだ。

中でも多忙を極めるのが地方巡業だ。最大45人の行司のうち30人が「先発書記」として帯同する。一般の会社でいえば総務、経理、広報、秘書室の仕事を一手に担うようなもの。そうした巡業運営の中心的役割を果たしたうえで、親方の身の回りの世話もする。

地方巡業がない2月と6月は、力士たちが東京の部屋に腰を据えて稽古に打ち込むように、行司も勉強に集中する期間となる。

番付表などで用いられる独特の「相撲字」は必修技能で、2月と6月には12日間の相撲字教室で徹底的に鍛えられる。用途によって太筆、中筆、小筆を使い分け、四股名《しこな》に多く使われる「山」「川」「海」「花」「錦」を特に繰り返し練習する。この相撲字教室を〝卒業〟するまでには10年以上かかるという。

力士の四股名と顔を覚えるのも重要だ。土俵入りの時、例えば「大関、貴景勝、兵庫県芦屋市出身、常盤山《ときわやま》部屋」とアナウンスするのも行司の役割。その紹介力士が土俵に上がるタイミングに合わせなければならないので、手元のメモを見る余裕はない。

場内アナウンスには細かいルールがある。取組直前に東西の力士を紹介する際、平幕・十両の場合は「四股名↓番付↓出身地↓所属部屋」の順に紹介されるが、三役以上は「番

場所中の安全などを記念する土俵祭りで祭主を務める第37代木村庄之助（中央）

付↓四股名」と、順序が逆になる。ちなみに幕下以下は四股名しか紹介されない。
決まり手の場内アナウンスも行司の担当だ。基本的にはアナウンス係の行司が決まり手を判断するが、判断が難しい場合はビデオ室にいる審判部の親方に確認するケースもあるという。なお、これも関取以上は「ただいまの決まり手は＊＊、＊＊で××の勝ち」と発声するが、幕下以下は「＊＊で××の勝ち」だけである。
「番付一枚違えば家来も同然、一段違えば虫けら同然」という言葉があるほどの厳しくも細かいしきたりであるが、それを踏まえてアナウンスをする行司の仕事も実に大変だ。

ビデオ判定に頼りすぎる弊害

行司の奥深い世界の話を切り上げ、「審判としての行司」に話を戻そう。

同体にしか見えない際どい勝負でも「引き分け」の判定はなく、行司は必ずどちらかに軍配を上げないといけない。それでいて土俵下の審判委員から「物言い」をつけられるうえに、最終的な勝敗判定の決定権は持っていない。そして差し違えとなった場合の責任は、行司が背負うことになる。畠山はこう語っていた。

「三役格以上の行司が差し違えたら、その日のうちに進退伺を協会に提出します。さすがにいきなりクビになることはありませんが、1場所で2度の差し違えをした行司に謹慎処分が下ったケースもある。高位になればなるほど、勝負判定に間違いは許されないのです。私は伊之助を6場所、庄之助を9場所務めましたが、その間に一度も〝行司黒星〟はなかった。それが私の誇りだね」

行司黒星とは文字通り「差し違え＝行司の負け」という意味だが、行司の矜持《きょうじ》を感じさせる表現だろう。

控え力士の白鵬が物言いをつける珍しいシーン（2014年5月場所）

ただ畠山にも立行司・木村庄之助時代に「物言いで勝負判定が覆った経験」がある。

2014年5月場所12日目、豪栄道《ごうえいどう》対鶴竜《かくりゅう》の一番。豪栄道に軍配を上げると、物言いがついた。物言いの手を挙げたのは5人の審判委員ではなく、何と土俵下に控えていた当時の横綱・白鵬だった。滅多に見られないシーンだが、実は物言いの権利は控え力士にもある。だが、鶴竜の手が先に土俵についていたのは誰の目にも明らかだった。審判委員や木村庄之助（畠山）が怪訝《けげん》そうな表情を浮かべる中、白鵬が指摘したのは「前のめりになった鶴竜の髷《まげ》を豪栄道が摑んでいた」というもの。そしてビデオ判定を経た協議の末に物言いが認められ、豪栄道の反則負けとなった。

だが、これは「行司黒星」には当てはまらないのだという。

「行司は〝どちらが先に土俵に倒れたか〟〝どちらの足が先に土俵から出たか〟を見ますが、〝勝負中に髷を摑んだかどうか〟の判定はしません。基本的には勝負審判が指摘して、ビデオ判定で反則負けかどうかを判断する。反則負けは行司の差し違えではありません」

この取組でも判定の決め手となったビデオ判定だが、実は日本のメジャースポーツで最初に映像判定を取り入れたのは大相撲である。

きっかけは1969年3月場所2日目、大鵬対戸田の取組だった。立行司・式守伊之助（第22代）は大鵬に軍配を上げたが、物言いで判定が覆り、大鵬の連勝記録は45でストップしてしまった。ところが翌日の新聞に掲載された写真で戸田の足が先に出ていたことがわかると、相撲協会には抗議の電話が殺到した。この〝誤審〟を受けて、翌5月場所からビデオ判定が導入されたのだ。

畠山は「木村三治郎」を名乗っていた時期で、この歴史的な一番を土俵下の控えで見ていた。それから40年以上も映像に〝監視〟されてきた畠山は、ビデオ判定をどう考えていたのだろう。

「導入してから、物言いの協議はビデオ頼りになった。コマ送りできるので、どちらの体が先に落ちたかは判別しやすい。その結果、〝同体取り直し〟は減ったように思います。とはいえ、相撲の勝敗には〝死に体〟や〝生き体〟、〝かばい手〟や〝かばい足〟という判断もあるから、単にどちらが先に落ちた（出た）だけでは決められない。相手をつり出した力士の足が先に土俵から出るのは本来、〝送り足〟で負けにならないのに、ビデオ判定に頼るあまり〝勇み足〟と判断されるケースがあったりする。利点は多いけれど、もう少し人間の目を信じてもいいかもしれないね」

行司に「威厳」「権限」は必要か

中学卒業から半世紀にわたる行司人生を過ごした畠山は、引退してから他のスポーツ中継を観る機会が増えたのかもしれない。取材中、プロ野球の話題が出たことがある。

２０２２年のプロ野球で、「審判」に注目が集まった試合があった。日本人最速１６５kmを誇る令和の怪物・佐々木朗希と、白井一行球審の〝一触即発騒動〟だ。

４月24日のオリックス対ロッテ（京セラドーム大阪）。佐々木は前々回の登板（４月10

日）で完全試合を達成、前回登板（同17日）も8回まで完全試合のまま降板という圧巻の投球を見せたばかりだった。

問題の場面は2回ウラ。佐々木が投じた外角ストレートがボール判定となった後、佐々木は少し苦笑いを浮かべてマウンドからホームベースに数歩近寄った。これを〝判定への不服〟と受け止めた白井球審はマスクを外し、険しい表情を浮かべてマウンドに歩みを進める。不穏な空気を察したロッテの捕手・松川虎生がなだめて白井は引き返したが、そのシーンは物議を醸した。畠山は感想を〝審判目線〟でこう語っていた。

「あの試合は、私もたまたまテレビで観ていたんです。大相撲でも行司の軍配に対して、負けた力士が〝相手が先に落ちていた〟〝差し違いだろう〟という顔をすることがあります。でも、あの（佐々木投手と白井球審の）ようなことにはならない。大相撲には〝物言い〟という制度がありますが、これができるのは土俵下に座る審判委員だからです」

そのため、勝敗を不服に感じた力士が行司をにらみつけたりすることは滅多になく、土俵下の審判員に〝物言いをつけてくれよ〟と表情で訴える力士が多いのだという。

「行司は物言いの審議に意見は述べられますが、決定権はありません。物言いで判定が覆ることもあるので、ストライクとボールの判定が絶対に覆らないプロ野球の球審とは明らかに違う。行司にはプロ野球の球審のような権限はないと思います」

いわば行司は「審判委員のアバター（分身）」でしかないというのだ。それでも立行司は「差し違えれば切腹する覚悟」で左腰に短刀を帯びる。

力士に突き飛ばされて土俵から転落する危険も
（写真の行司は「木村庄三郎」時代の畠山）

「力士が土俵上で激しく動き回るので、行司も立ち位置を目まぐるしく変えます。勝負が決まったらすぐに軍配を上げなければなりませんから、勝ち力士が東方か西方かを取り違えないよう、常に位置関係を把握しています。

土俵際では力士の足元から目を離せませんから、見える位置に回り込みます。間違えないためにはできるだけ近くに寄らなければならないが、決して取組の邪魔になってはならない。同体に見えても、必ずどちらかに軍配を上げなければならないのもシビアですね」

それほど難しい役割でありながらも、扱いは〝アバター〟というのも不条理に思える。

「行司はつらいか？」と訊いてみると、畠山は即答した。

「勝負判定の難しさはもちろんだが、身の危険も伴う。行司は装束だけで防具なんてないからね。あの狭い土俵で巨体の力士2人がぶつかり合い、予想もしない動きをする。その間近に行司は立っています。力士をよけきれずに土俵下まで転がり落ちたこともあります。取組中だけではありません。土俵下の行司溜まりで控えている時に150キロの力士が落ちてきたら逃げられない。はっきりいって命がけでした。それでも子供の頃から大相撲が好きだったから、行司になってよかったと思いますよ」

そう語る第37代木村庄之助に、「もっと行司に権限や威厳があればいいと思いませんか？」と水を向けると、静かに笑いながら答えた。

「差し違えたら、本当に切腹しないといけなくなってしまうからね」

軍配を握って人生の大半を過ごし、国技と名勝負を支えてきた畠山。筆者を「奥深き審判の世界」に誘ってくれたことへの感謝とともに、冥福を祈りたい。

あとがき

「生まれ変わっても審判員になりたいか？」――本書で取材した全員にそう質問した。

西村雄一さん（サッカー）は「選手と感動を創りあげる醍醐味を共有できる競技はサッカーが一番。生まれ変わっても選ぶと思います」と答え、橘髙淳さん（プロ野球）は「60歳までプロ野球のグラウンドに立ってた。始める時は乗り気ではなかったが、今となっては生まれ変わってもやりたいと思うようになった」と語った。

馬淵かの子さん（飛び込み）は、「失敗したら痛いし、怖いし、寒い。大変なスポーツですが、それでも飛び込み競技は楽しい。もちろん引退したら審判員もやります」と言い、正木照夫さん（柔道）は「〝何かの審判を選べ〟と訊かれれば……、やはり柔道なのかもしれません。柔道の審判員ほど脚光を浴びる競技はないと思います」と話した。

審判員として競技を知り尽くし、その競技の魅力を体得した者だからこそ、この結論にたどり着いたのかもしれない。

その一方で、他の競技の審判員は大変だと映っているところが興味深かった。

橘髙さんは「サッカーは縦横無尽に動く選手とボールを見つつ審判が走りながら笛を吹く。信じられない」と驚いた。門川恭子さん（ゴルフ）は「野球はアウトかセーフの微妙な判断を即座にする。リプレイ検証で覆った時は同情してしまう。相撲の行司も同じ。気の毒で仕方がない」と話した。

すべてのスポーツはルールの上に成り立っている。その「ルールの番人」である審判員を極めてきた者にとっては、他のスポーツの審判員の大変さが想像できるのだろう。

彼らが審判員になったのは偶然でしかない。若い頃にたまたまそのスポーツと出会ってその道を極めた者もいれば、選手の道を断念して審判員への道に進んだ者もいる。そのきっかけも自分の意思ではなく「先輩から声を掛けられた」というケースがほとんどだ。ちょっとタイミングが違っていれば、彼らの人生も大きく変わっていた。大袈裟《おおげさ》な言い方だが、彼らが判定した数々の名勝負も、違った結果になっていたのかもしれない。

本書の取材を通して確信したのは、「審判員をやってみないか」と声を掛けた先輩や関係者は彼らの審判員としての能力を早くから見抜いていたのではないかということだ。

審判員には、長時間の試合や激しい動きを伴うゲームに対応する身体的能力だけでなく、正確な判定を下すための「冷静さ」「集中力」といった強靭《きょうじん》なメンタルも求められる。それらに加えて審判員としての公正さ、ルールを頭にたたき込む地道な努力も不可欠だ。

競技への熱い思い、審判員としての自覚などを語る彼らの言葉は、審判員が自分自身に合った仕事である「天職」ではなく、自分の能力に見合った仕事、すなわち「適職」だと言っているように聞こえた。

筆者が数多く取材したプロ野球の名将・野村克也さんは、「適材適所は才能集団をしのぐ」と常々口にしていた。素晴らしい資質を持った人材ばかり集めても機能せず、むしろ共通の目的のもとで一致団結して取り組んでいる組織のほうがよい結果を残すことが多く、一番大切なのは組織全体のまとまりだという考えだ。

組織（競技）を構成する各自が自分の役割と責任を明確にして仕事をまっとうする。スポーツ競技の審判員はまさにそれだ。審判員は与えられた役割を確実にこなしながら、選手たちが実力をフルに発揮する環境を整える。そして、試合が終われば一緒に試合に関わる他の審判員たちと検証と反省を繰り返し、「審判団（チーム）」としてのジャッジメントの精度を上げていく。判定する競技は違えども、彼らの証言に共通していた点である。

本書のタイトルにもあるように、審判員の世界には「つらいこと」が数多い。だが、彼らも選手同様に競技を愛し、競技を知り、競技を発展させていきたいと考えている。審判員の苦労、葛藤、そして情熱を広く知ってもらうことで、スポーツの魅力が何倍にも増していけばこれほどうれしいことはない。

最後になりましたが、忙しい合間を縫って取材に応じてくださった8人の方々に深くお礼を申し上げます。

2024年5月　筆者

鵜飼克郎［うかい・よしろう］

1957年、兵庫県生まれ。『週刊ポスト』記者として、スポーツ、社会問題を中心に幅広く取材活動を重ね、特に野球界、角界の深奥に斬り込んだ数々のスクープで話題を集めた。主な著書に金田正一、長嶋茂雄、王貞治ら名選手33人のインタビュー集『巨人V9 50年目の真実』（小学館）、『貴の乱』、『貴乃花「角界追放劇」の全真相』（いずれも宝島社、共著）などがある。

編集：鈴木亮介

審判はつらいよ

二〇二四年 六月五日 初版第一刷発行

著者 鵜飼克郎
発行人 三井直也
発行所 株式会社小学館
〒一〇一－八〇〇一 東京都千代田区一ツ橋二ノ三ノ一
電話 編集：〇三－三二三〇－五九八二
販売：〇三－五二八一－三五五五

印刷・製本 中央精版印刷株式会社

Printed in Japan ISBN978-4-09-825474-3